ETHNOLOGIE DE L'EUROPE.

ORIGINES, MIGRATIONS ET ÉTABLISSEMENTS

DES

DIFFÉRENTES RACES

QUI ONT PEUPLÉ L'EUROPE,

PAR

LE MARQUIS DE RIBEYRE DE VILLEMONT.

Si quid novisti rectius istis,
Candidus imperti; si non, his utere mecum.

Horat. Ep. lib. 1, 6.

PARIS

E. DENTU, LIBRAIRE-ÉDITEUR

PALAIS-ROYAL, GALERIE D'ORLÉANS, 13

1856

Droit de reproduction et de traduction réservés.

ETHNOLOGIE

DE

L'EUROPE.

PARIS

IMPRIMERIE DE L. TINTERLIN ET Ce

RUE NEUVE-DES-BONS-ENFANTS, 3.

ETHNOLOGIE DE L'EUROPE.

ORIGINES, MIGRATIONS ET ÉTABLISSEMENTS

DES

DIFFÉRENTES RACES

QUI ONT PEUPLÉ L'EUROPE,

PAR

LE MARQUIS DE RIBEYRE DE VILLEMONT.

Si quid novisti rectius istis,
Candidus imperti ; si non, his utere mecum.

HORAT. Ép. lib. 1, 6.

PARIS

E. DENTU, LIBRAIRE-ÉDITEUR

PALAIS-ROYAL, GALERIE D'ORLÉANS, 13.

1856

TABLE DES MATIÈRES.

INTRODUCTION.

	Pages
Définition de l'Ethnologie.	9
Différence entre l'Ethnologie et l'Ethnographie.	11
Nécessité de l'Ethnologie dans les études historiques.	12
Occasion et plan du mémoire sur l'Ethnologie de l'Europe.	15

MÉMOIRE SUR L'ETHNOLOGIE.

	Pages
Sujet de la dernière lecture.	22
Permanence des types originaux des races humaines.	Ib.
Souvenirs de l'ancienne Egypte.	23
Extinction des aborigènes de l'Amérique du Nord.	25
Premiers habitants de l'Europe.	27
Recherches de Wilson sur les populations préceltiques de l'Ecosse.	Ib.
Restes de ces premières races éteintes.	Ib.
Fouilles de Boucher de Perthes dans les terrains d'alluvion de la Somme. Cinq dépôts superposés d'armes et ustensiles.	29
Recherches de sir William Betham sur les antiquités de l'Irlande.	30
Description des objets trouvés dans les tumuli de l'Irlande .	
Armes et ustensiles trouvés dans le nord de l'Europe.	Ib.
Premières découvertes maritimes des Phéniciens à l'ouest. Fondation de Cadix. Etablissement des Phéniciens en Irlande et sur les côtes de la Gaule. Commerce exclusif de l'étain.	31
Les Etrusques, colonie Phénicienne.	32
Rapport entre l'idiome Irlandais et la langue Étrusque.	33
Etrurie sacrifiée à l'ambition de Rome.	34
Civilisation de l'Irlande au commencement de notre ère.	35

Manuscrits irlandais des Saintes-Écritures des cinquième, sixième et septième siècles, leur originalité. *Paleographia sacra* de Westwood. 36

Monuments druidiques. Cromlechs. 37

Premières races Européennes connues à l'ouest. Les Ibères et les Celtes. Leur différence. 38

Type ibérien conservé pur en Irlande, chez les Basques et parmi les Bretons pur sang. 39

Les Bretons comparés aux Kabyles. 40

Époque de l'arrivée de ces races. 41

Première migration des Cimbres au septième siècle avant Jésus-Christ ; leur physionomie 42

Grande invasion des Cimbres et des Teutons de l'année 113 à 101 avant Jésus-Christ. . . . . *Ib.*

Les Belges. 43

César et ses légions dans les Gaules. . . . . *Ib.*

Populations des Gaules à cette époque. 44

Invasions et déplacements continuels. 45

Leur effet sur le caractère physique et moral des peuples. . 47

Description des races Teutoniques ou Germaniques . . . 48

Leur place au nord de l'Europe et leurs idiomes. . . . 51

Portrait que Tacite nous fait de leur physionomie. . . . 53

Les cheveux roux ou rouges à la mode à Rome. 54

Caractère et organisation militaire des Germains. . . . 55

Que penser du livre de Tacite, des mœurs des Germains. Traditions et littérature des Germains. Leur lutte contre Rome. *Ib.*

Leurs institutions, germe de la féodalité et de la chevalerie. Ces races disparaissent au midi de l'Europe et se sont altérées en Allemagne. 58

Origines Grecques et Romaines 60

Incertitude sur les premiers habitants de l'Italie. 61

Les Étrusques, colonie phénicienne. . . . . *Ib.*

Les Celtes et les Cimbres au nord de l'Italie. . . . . . *Ib.*

Division des époques dans l'histoire de la Grèce. 63

Premiers colons, les Pélasges, les Cariens, les Léléges, les

Curètes, etc.   64
Arrivée de Cadmus.   65
Colonies Egyptiennes . . . .   Ib.
Etat politique et civil des premières peuplades de la Grèce.   67
Invasion des Héraclides et des Doriens.   68
Ce qui restait des Pélasges à cette époque. . . . . .   Ib.
Marche des Doriens.   69
Les héros d'Homère. . . . .   Ib.
Mélange de différentes races en Grèce ; leurs divisions et hos-
    tilités continuelles. Impossibilité d'étudier leurs traits.   70
Les Esclavons ou Slaves ; leur nombre et les pays que ces
    peuples occupent ; leur physionomie.   71
Les Huns et les Madjiares ; leurs invasions, leur origine et
    leurs traits.   74
Enthousiasme de l'Angleterre pour les Madjiars ou Hongrois.   75
Déclamations contre la Russie.   76
Invasion de la Russie par les Tartares.   78
Lutte de deux cents ans contre eux. . . . .   Ib.
L'Osmanli turc.   79
Les Croisades. . . . .   Ib.
Destruction inévitable de l'Empire Turc en Europe . . .   80
Le Turc au point de vue de l'Ethnologie . . . .   Ib.
Les Juifs, leur nombre, la vitalité de la race. Leur physio-
    nomie telle qu'on la retrouve sur les monuments Egyp-
    tiens et Assyriens.   81
Les Bohémiens, leur arrivée en Europe, leur physionomie
    indienne, leur facilité à s'accoutumer à tous les climats.   82
Etudes sur la physionomie des populations actuelles en
    France, en Belgique, en Suisse, en Italie, en Grèce et en
    Angleterre.   83

FIN DE LA TABLE DES MATIÈRES.

INTRODUCTION.

L'Ethnologie est par excellence la science de l'homme considéré comme être sociable. Tandis que l'histoire proprement dite se contente de recueillir les faits de l'humanité et en demande la raison à la religion, aux lois, aux mœurs et aux circonstances locales, et que l'anthropologie a pour but exclusif l'étude de l'organisme humain, l'Ethnologie étend son domaine bien au delà. Elle prend l'homme à son origine et cherche dans les qualités de la race à laquelle il appartient, ce que la civilisation peut attendre de lui comme être physique et moral. Elle le suit dans l'état sauvage et s'informe des causes qui peuvent le faire avancer dans son éducation sociale ou le condamner à périr dans l'enfance. Mais c'est surtout dans le contact et le mélange des peuples, qu'elle cherche à pénétrer la raison de la prédominance d'une race sur l'autre, et l'effet de cette prédominance sur le progrès de la civilisation. Toutes les races, tous les peuples, depuis la société la mieux policée jusqu'au plus pauvre spécimen de notre humanité, le sauvage de l'Australie, ont droit à son intérêt. Tous, en effet, ils ont reçu une mission dans l'œuvre du perfectionnement de l'humanité, selon les dons naturels qui leur ont été accordés, et dont le parfait développement n'a lieu que dans certaines circonstances favorables et dans un temps que l'on ne saurait préciser.

Les peuples sauvages n'ont pas d'annales pour l'histoire, ils en ont pour l'Ethnologie.

L'histoire d'une nation ne commence qu'avec sa civilisation et se termine souvent avec elle. L'Ethnologie suit l'homme depuis l'état sauvage jusqu'au sein de l'état social le plus parfait, ne perd jamais de vue sa physionomie et ses instincts primitifs, et ne l'abandonne plus tant que la race existe.

L'histoire se préoccupe peu des influences du sang et de la race, l'Ethnologie y trouve souvent la raison de la prospérité et de la chute des empires.

En voilà assez, je pense, pour faire sentir l'importance de cette science, à qui rien de ce qui tient à l'histoire physique et morale de l'homme, ne saurait être étranger.

On confond assez souvent l'Ethnologie avec l'Ethnographie. L'objet de celle-ci est bien plus circonscrit. L'Ethnographie nous donne seulement l'histoire géographique et physique des races humaines. Ce n'est là, comme on voit, qu'une bien faible partie de l'immense et important domaine qu'embrasse l'Ethnologie.

Plusieurs historiens se sont justement plaints de cette confusion, en faisant remarquer que les deux termes sont pris indistinctement pour signifier la même chose, et ils ont exprimé le désir que l'objet de ces deux sciences fût enfin clairement défini. Après les explications qui précèdent, il sera, je crois, facile d'éviter une confusion inexcusable, surtout lorsqu'il s'agit de matières aussi importantes.

Pour plus de clarté encore, j'ajouterai la définition des termes Ethnologie, Ethnographie. Ils font partie de cette nombreuse classe de mots composés, géologie, astrologie, physiologie, géographie, etc., et se forment du substantif grec λόγος, discours, et par extension science, et ἔθνος, race, nation, science des races, pour l'Ethnologie ; et du verbe γράφω, écrire, décrire, et ἔθνος, race, description des races, pour l'Ethnographie.

Quiconque prétend aujourd'hui à des études historiques sérieuses, doit donc s'informer des résultats de la science ethnologique. Que s'il néglige de prendre ce guide impartial et sûr, et s'aventure seul dans le dédale des événements de l'histoire des nations, il cherchera souvent en vain dans ces obscurités impénétrables, les causes du caractère social d'un peuple, de la forme de son gouvernement, de la nature de ses lois, de ses progrès dans les sciences et dans les arts, de l'influence qu'il exerce sur d'autres nations, de sa prospérité matérielle, ou des révolutions qui l'agitent et de la décadence qui le menace : il s'en prendra aux lois, aux souverains, au peuple, à l'aristocratie, à la guerre, aux richesses, au luxe, à la corruption, au climat, que sais-je? à tout, excepté à la véritable cause. N'est-ce pas ainsi, en effet, qu'on a écrit l'histoire avant la critique bien autrement sévère de notre époque? Et de même que certains socialistes de nos jours voudraient refaire l'œuvre de Dieu et niveler toutes les intelligences dans leur moule sociétaire, de même les historiens n'ont vu souvent, dans les races si diverses qui composent l'humanité, que des hommes qu'il fallait juger au point de vue d'une civilisation pour laquelle ils ne furent pas créés.

Un fait principal dont il faut avant tout tenir compte et qui est acquis aujourd'hui à la science après de longs débats et de patientes recherches, c'est celui de la permanence du type original d'une race tant qu'elle reste pure de mélange avec d'autres races. C'est-à-dire qu'un peuple isolé conservera à travers les influences de climats divers, à travers les révolutions et les âges, les traits essentiels et caractéristiques qui le distinguaient à son origine, sauf quelques modifications insignifiantes de teinte ou de développement musculaire.

Ce fait est de la plus haute importance, s'il est vrai que les races humaines ne diffèrent pas moins entre elles par leurs dispositions, leur capacité, et par certaines lois morales que nous appelons instincts parce qu'elles font sentir leur empire malgré nous, que par leur organisation physique.

Or, comme il est extrêmement facile de vérifier le fait de cette différence intellectuelle et morale, en se bornant à comparer, par exemple, les races Nègres aux races Européennes, on ne saurait conserver le moindre doute à cet égard.

Ainsi, dans une nation quelconque, qu'on montre à l'Ethnologie le type d'une race dont la conformation est bien connue et dont les instincts ont été souvent observés, et elle sera à même d'expliquer certains phénomènes sociaux qui, sans cela, resteraient peut-être un mystère.

Le mémoire qui suit, et qui fait partie d'une série d'écrits sur l'Ethnologie composés pour une société scientifique en Angleterre, fournira à tout lecteur attentif des preuves suffisantes de ces principes, quoique j'aie dû plutôt m'attacher à y tracer l'histoire des migrations et du mélange des races diverses qui ont peuplé l'Europe.

C'est à la sollicitation de quelques amis que je me suis décidé à le publier. Je lui ai donné la préférence, parce que, traitant de l'Ethnologie de l'Europe, il m'a semblé qu'il offrirait plus d'inté-rêt à la majorité des lecteurs.

Mon but, dans la lecture de ces essais, a été de rendre populaire une science dont les recher-ches sont aussi intéressantes que les résultats en sont importants pour l'histoire. Jusqu'à présent, les études sur l'Ethnologie sont restées le privi-lége exclusif de quelques savants. Elles deman-dent, en effet, de longues et de patientes recherches ; et, comme il n'existe pas d'ouvrage élémentaire sur ces matières, il est peu de personnes qui aient le courage ou le goût de les entreprendre.

Un traité complet d'Ethnologie serait un ouvrage de longue haleine et lasserait probablement la patience de la plupart des lecteurs à une époque où l'on veut aller vite en tout, et où l'on s'est accoutumé aux courts essais de littérature des revues et des journaux. Il vaudra donc mieux publier séparément l'Ethnologie des différentes parties du monde.

Le mémoire sur l'Ethnologie de l'Europe pourra servir d'introduction à ce genre d'études pour ceux qui ne s'en sont point encore occupé. Il résume tous les travaux qui ont été faits à ce sujet jusqu'à notre époque. Je me suis efforcé de grouper ensemble, comme dans un tableau, tous les faits essentiels, et de les placer sous un jour convenable, afin que l'on pût les saisir facilement et sans confusion. J'ai pris chacun des peuples qui ont joué un rôle dans l'histoire de l'Europe à leur arrivée, et je les ai introduits dans leur ordre chronologique ou géographique. J'ai tracé autant que possible le portrait fidèle de leur physionomie et de leur caractère. J'ai fait l'histoire de leurs migrations, de leurs guerres et de leur établissement. J'ai cherché à être court, précis, méthodique et clair au milieu des incertitudes, des obscurités, des conjectures et d'une foule infinie de détails. Je n'ai voulu admettre que les faits qui m'ont paru suffisamment prouvés, et j'ai dû renoncer à tout le reste dans un écrit dont les limites étaient nécessairement si bornées.

J'ai cru devoir publier ce mémoire tel qu'il a été écrit. Il m'a semblé qu'un peu de mouvement dans le style, un mot de regret en passant sur un empire qui tombe et disparaît, un cri d'indignation contre le peuple oppresseur d'autres peuples, ne nuiraient point à la lecture d'un sujet aussi sérieux, trop sérieux peut-être pour la majorité des lecteurs auxquels il est destiné.

J'aurais pu facilement étendre cet écrit et en faire un traité plus complet en lui donnant une

2.

autre forme ; car les matériaux abondent, et j'ai trouvé bien plus de difficultés à choisir qu'à tout admettre. Mais alors, je serais précisément tombé dans les inconvénients que je veux éviter; j'aurais écrit pour les savants qui n'ont pas besoin de cet essai et qui aiment à remonter jusqu'aux sources elles-mêmes.

J'ai voulu faire plus : j'ai voulu donner un intérêt palpitant de vie à ces recherches. J'ai fixé mes regards sur une nation qui, depuis soixante ans, a présenté le spectacle le plus frappant de ces grandes crises sociales qui ont ébranlé la société européenne entière jusque dans ses fondements. Les causes de ces révolutions fréquentes et de cet état permanent d'instabilité politique au sein d'un des plus grands peuples modernes, ont été, comme on le sait, l'objet de savantes recherches et d'ingénieuses conjectures, et cependant on est loin de les connaître toutes. Je me suis demandé si l'on ne pourrait pas découvrir dans un instinct puissant, dans un besoin irrésistible, inhérent à une race, la solution partielle de ce grand problème. Je crois y avoir réussi, et prouvé par là l'indispensable utilité des données Ethnologiques dans l'histoire des nations.

Le résultat de cet examen formera la matière de la seconde partie de cet écrit. J'en recommande la lecture à ceux qui n'auraient pas la patience de suivre jusqu'au bout les détails historiques de la première. J'ai dû nécessairement toucher aux questions délicates de la politique. On me rendra la justice, je l'espère, de l'avoir fait sans le moindre esprit de parti, et d'être resté à la hauteur des données impartiales de l'Ethnologie.

Londres, 1er mai 1856.

MÉMOIRE

SUR

L'ETHNOLOGIE DE L'EUROPE.

ORIGINES, MIGRATIONS ET ÉTABLISSEMENTS DES PEUPLES
DE L'EUROPE.

Messieurs,

Nous cherchions, il y a quelques jours, dans les récits mosaïques et sur les monuments de l'ancienne Égypte, l'explication du phénomène si intéressant de la variété des races humaines. Avec quel intérêt, vous le savez, nous prêtions l'oreille aux révélations inattendues de cette antiquité mystérieuse. La scène est bien changée aujourd'hui : c'est sur le terrain mouvant de notre Europe que nous allons nous retrouver. Nous allons examiner les origines de ces races énergiques et entreprenantes dont nous sommes descendus.

En cédant à vos désirs à cet égard, je me suis senti peu préparé, il faut l'avouer, à aborder maintenant la question si difficile et si compliquée de l'Ethnologie de l'Europe. Je dois donc réclamer votre indulgence, et je me propose de ne m'avancer que pas à pas et avec la plus grande circonspection, au milieu de ces obscurités et de ces traditions lointaines, m'appuyant sur l'autorité des guides les plus sûrs, dont je ne ferai en général que vous exposer les opinions.

Je crois avoir clairement prouvé, dans notre première lecture, que les types principaux des races humaines qui habitent encore de nos jours l'Afrique, une partie de l'Europe et de l'Asie, existaient déjà dans toute leur pureté peu de siècles après l'époque où nous fixons en général le grand événement du déluge. Je crois aussi avoir reconnu partout et toujours cette loi constitutive de notre espèce, qui préserve inaltérable le type primitif d'une race, à moins d'un mélange constant et de plusieurs siècles avec d'autres peuples d'origine différente. Cette loi va nous apparaître aujourd'hui d'une manière plus frappante encore, dans l'examen que nous allons faire de cette grande variété de races qui forment, de nos jours, la population de l'Europe, et dont plusieurs ont survécu à leur langage, leur histoire, leurs souvenirs et leur religion.

Ne devrions-nous pas, auparavant, déplorer cette fatale nécessité qui a causé l'extinction de tant de peuples dont nous ne retrouvons aujourd'hui que quelques faibles débris? Combien de sages et de héros dont la mémoire est à jamais perdue! Combien de peuples se sont éteints dans l'oubli éternel, avant que la civilisation ait eu le temps de recueillir leurs annales!

Il n'en sera pas ainsi heureusement de la nation célèbre dont nous examinions les monuments dans notre dernière lecture. Si l'ancienne race Égyptienne a disparu sous les flots des invasions Persane, Grecque, Romaine et Arabe, la civilisation Égyptienne, son histoire, ses impérissables monuments, vivront à jamais pour l'honneur et l'instruction du genre humain. Ses temples, ses tombeaux mystérieux, restent maintenant associés dans notre souvenir avec tout ce qu'il y a de plus ancien, de plus vénérable, de plus précieux dans l'histoire de notre race. Le voile d'Isis est enfin levé, grâce aux travaux immortels des Champollion, des Rosellini, des Wilkinson, des Lepsius et de tant d'autres. Les annales de l'Égypte vont nous devenir aussi familières que les récits de la Bible; et ce peuple, dont l'histoire est contemporaine de celle d'Abraham et de Moïse, nous sera bientôt plus connu que le Grec et le Romain. Le Nil, cette merveille de la nature, sera désormais le but du touriste qui cherche des émotions et qui veut interroger les premiers souvenirs que l'homme a laissés dans son court pèlerinage sur terre. Il quittera nos villes

bruyantes et enfumées, et sous ce ciel si pur de l'É-
gypte, il retrempera son âme en méditant sur les
ruines de ces vieilles cités qui furent, pour ainsi dire,
le berceau de la civilisation du genre humain. Il s'é-
tonnera que depuis quatre mille ans le monde n'ait
encore rien produit qui les surpasse ou qui les égale;
il se convaincra de cette vérité salutaire, que les
peuples, comme les individus, n'ont droit à la re-
connaissance du genre humain et n'arrivent à l'im-
mortalité qu'autant qu'ils ont contribué pour leur
part au progrès général de la civilisation. Il n'ou-
bliera pas que l'ancienne Égypte, même à l'époque
de sa plus grande prospérité sous la monarchie nouvelle, celle des Ramsès, de 1500 à 1300 ans avant
Jésus-Christ, dix-neuvième et vingtième dynasties,
n'eut probablement jamais plus de sept à huit millions d'habitants; et en apprenant à quelle perfection les sciences et les arts de tout genre étaient arrivés dès la plus haute antiquité, quel ordre régnait
dans tous les détails de l'administration, et surtout la
position élevée qu'occupait la femme en Égypte dans
la famille et dans la société, il se demandera en quoi
la civilisation moderne peut être en progrès sur celle
qui régnait, il y a plus de trois mille ans, sur les
bords du Nil, au sein d'une nation qui occuperait à
peine aujourd'hui, en Europe, le rang d'une puissance de troisième ordre.

De ces souvenirs, consolants pour notre humanité,

la pensée se porte avec regret et douleur sur une autre race semblable par la couleur à l'ancien Égyptien, et qui, comme lui, va bientôt disparaître pour toujours.

Mais ici, quelle différence ! L'origine de cette race infortunée reste un mystère, et elle laissera à peine quelque trace éphémère de son passage. L'Européen civilisé et corrompu, cherchant l'or et l'indépendance, la rencontra, simple, ignorante, errant dans ses forêts primitives à la poursuite des bêtes fauves qui faisaient sa nourriture et sa richesse. Insouciante et confiante comme l'enfant, elle l'accueillit avec bonté, lui laissa prendre possession des terres sur lesquelles elle chassait de temps immémorial. Mais entre de tels voisins la paix ne pouvait durer longtemps. La fierté, le courage et l'impassibilité du sauvage Américain durent reculer devant la tactique et les armes à feu du colon ; l'eau-de-vie et la corruption achevèrent l'œuvre de la destruction. Et sur cet immense continent de l'Amérique du Nord, il reste à peine aujourd'hui quelques milliers de **Peaux-Rouges** décimés par les maladies, la guerre et la faim. Encore quelques générations, et le dernier des aborigènes de l'Amérique aura cessé d'exister.

Quelle fatalité, Messieurs, semble s'attacher à certaines races ! En vain, depuis longtemps, la philanthropie et le christianisme ont-ils cherché par tous les moyens possibles à sauver les restes de ces peuples si intéressants. Rien ne peut les déterminer à se livrer à la culture des terres, à la vie régulière et monotone du colon. Ils préfèrent émigrer et chercher dans la solitude des forêts une subsistance qui devient de plus en plus difficile. Ils croiraient déroger à leurs ancêtres, à la noblesse de leur race, s'ils abandonnaient la guerre et la chasse.

Quel phénomène curieux dans l'histoire du genre humain ! Est-ce que, par hasard, ces pauvres sauvages n'avaient d'autre mission à remplir que de régner en maîtres sur les animaux de ces forêts primitives? Est-ce qu'un instinct mystérieux leur dit que leur règne est fini du moment que celui de la civilisation commence? Pourquoi donc se retirent-ils ainsi résolûment devant les avances et les offres de l'homme civilisé, emportant avec eux les ossements blanchis de leurs ancêtres, et abandonnant ces riches contrées sur lesquelles ils sentent, pour ainsi dire, que leur mission est finie.

Telle ne fut pas, heureusement, la destinée de ces tribus sauvages qui habitaient, il y a deux mille ans, les immenses forêts de nos contrées. La civilisation Romaine put bien les vaincre et les faire reculer, mais elle ne put ni les corrompre ni les détruire. Avec quelle vigueur elles se relevèrent plus tard et vengèrent leurs défaites, vous le savez, Messieurs.

Quels étaient donc ces premiers habitants de l'Europe? L'opinion générale a depuis longtemps nommé les Celtes et les Teutons. Mais les recherches scrupuleuses de la science moderne contredisent cette opinion, et nous montrent les traces de deux races différentes qui ont occupé longtemps auparavant les contrées que nous habitons.

Wilson, dans ses *Annales préceltiques* (1), prouve que l'Écosse, longtemps avant l'arrivée des Celtes, était habitée par deux races distinctes inconnues aux historiens. La plus ancienne était caractérisée par un crâne étroit et allongé; l'autre, au contraire, par une tête large, au front très-développé et de forme presque carrée. Ces crânes, trouvés dans les *tumuli* ou *barrows* de l'Écosse et du nord de l'Angleterre, et comparés à ceux découverts en Scandinavie, qui ont été étudiés par les professeurs Nillson (2) et Retzius, montrent que deux races tout à fait semblables ont dû habiter anciennement le nord de l'Europe. L'époque de l'existence de la première de ces deux races est caractérisée par le nom de premier âge ou âge de pierre, les armes et ustensiles de ces peuples étant tous faits de pierres polies et aiguisées. La

___

(1) D' Daniel Wilson, *Memoir on the preceltic races of Scotland. — The Archeology and pre historic annals of Scotland.* — Édimb., 1851.

(2) *Primitive inhabitants of Scandinavia.*

seconde a dû exister vers la fin de cette période.
Toutes deux furent plus ou moins détruites ou dépla-
cées par les Celtes durant la période suivante, que
nous désignons par le nom d'âge de bronze.

Les cavernes et les ossuaires de la Franconie et de
la Saxe nous montrent aussi l'existence dans l'Europe
centrale de races antérieures à l'arrivée des Celtes.

Ici, vous le voyez, Messieurs, point de ces pyra-
mides gigantesques qui nous révèlent la civilisation
du genre humain il y a plus de cinq mille ans (1) ;
point de ces temples, point de ces immenses sépulcres
où sont gravées l'histoire et la chronologie de leurs
fondateurs. Rien, que quelques pierres monstrueuses
placées les unes sur les autres sans le moindre travail,
sans la plus petite inscription ; quelques amas de
terre où l'on rencontre parfois des armes, des ustensiles en pierres de la construction la plus grossière.
Voilà tout ce qui nous reste du passage et de la civilisation de deux races qui ont occupé la plus grande
partie de notre Europe pendant deux mille ans peut-
être. C'est bien peu de chose, il est vrai ; mais, au point
de vue de l'Ethnologie, ces objets grossiers ne sont pas
moins précieux que les plus brillants chefs-d'œuvre
de l'antiquité classique. Ce sont de véritables monu-

(1) D' Lepsius, *Die Chronologie der Ægypter*. Berlin, 1849.
Chevalier Bunsen, *Ægyptens stelle in der Weltgeschichte.* Ham-
bourg, 1845.
Kenrick's Ægypt under the Pharaohs. London.

ments historiques, les seuls que nous possédions des premiers âges de ces contrées qui étaient destinées à devenir à notre époque le théâtre de notre belle, de notre puissante civilisation.

Parmi les recherches les plus intéressantes qui aient été faites à ce sujet, je dois vous citer d'abord celles qui ont été conduites en France, sur les bords de la Somme, par **M. Boucher de Perthes**, avec tant de zèle et de succès. Vous pouvez en lire les curieux détails dans les mémoires qu'il a publiés à Paris, en 1849 (1).

Ce savant observateur fit exécuter de nombreuses fouilles, d'abord dans des *tumuli* Celtiques, Gaulois et de races inconnues, puis dans les terrains d'alluvion de la Somme ; car, dit-il avec vérité, c'est toujours sur les bords des rivières et des lacs que nous devons chercher les vestiges des premières habitations des hommes. Après avoir traversé la première couche de terrain, il arriva d'abord à des restes du moyen âge ; continuant à descendre, il trouva dans un ordre régulier, et pour ainsi dire historique, des vases cinéraires, des ustensiles, armes et autres objets de l'époque Romaine ; puis, plus bas, des restes Celtiques ; enfin des vases grossiers cuits au soleil, des ustensiles en corne et en pierre qui annonçaient des

_____

(1) *Antiquités celtiques et antédiluviennes.*
Mémoire sur l'industrie primitive et les arts à leur origine.

peuples de la plus haute antiquité. C'est ainsi qu'il a découvert cinq dépôts différents d'armes, d'ustensiles, etc., ayant appartenu à cinq races distinctes, placés les uns au-dessus des autres, séparés par des couches de tourbe ou de tuf, et dont le plus ancien se trouvait au-dessous de la tourbe de bois qu'on suppose remonter à l'époque du déluge.

Sir William Betham, dans ses recherches sur les antiquités de l'Irlande (1), prouve, par la nature des objets trouvés dans les *tumuli* qui couvrent la surface de l'île, que le pays a dû, dès l'époque la plus reculée, avoir été occupé par deux races différentes. Dans quelques-uns de ces *tumuli*, les armes et ustensiles étaient aussi en pierres polies et aiguisées, et se composaient de couteaux, scies, marteaux, haches, javelots, flèches et même poignards. Tous ces objets, de la fabrication la plus grossière, ont évidemment appartenu à une race d'hommes dans l'état sauvage le plus primitif. De semblables *tumuli,* avec précisément les mêmes objets, se retrouvent dans l'île de Funen, en Danemark, et dans d'autres parties du nord de l'Europe. Quelques-uns de ces ustensiles, qui ont été soigneusement dessinés et publiés dans les transactions de la Société royale des antiquités de Copenhague, ressemblent tellement à ceux trouvés en

(1) *Irish antiquarian researches.*
Gael and Cimbri, Etruscan literature and antiquities.

Dublin, 1842.

Irlande, qu'ils pourraient passer pour en être la re-
présentation. Ces peuples se tatouaient et se peignaient
le corps de différentes couleurs. De là, dit-on, le nom
de Britonach ou Brenache que leur donnèrent les premiers navigateurs Phéniciens. A l'époque de la conquête de l'Angleterre par les Romains, le nord était
encore occupé par eux ; et, à la chute de l'empire de
Rome, il s'en trouvait encore en Écosse sous le nom
de Picts, dénomination romaine qui correspond à
celle de Britonach (1)

Quels étaient ces peuples? d'où venaient-ils? Nous
devons encore nous en tenir aux conjectures.

Une autre conclusion de sir W. Betham, d'accord
en cela avec les anciens historiens, c'est que, peu de
temps après la fondation de Tyr et de Sidon, les
Phéniciens poussèrent leurs découvertes maritimes le
long des côtes de la Méditerranée, passèrent le détroit de Gibraltar, et fondèrent Gadès ou Cadix (2).
Côtoyant ensuite la péninsule espagnole et formant
des colonies, ils arrivèrent jusqu'aux Iles-Britanniques

(1) « Omnes Britanni vitro (alias luteo) se inficiunt, quod cærul-
eum efficit colorem. » — Cæsar, V, 14, 1731.

« Stigmata Britonnum. » — Tertull., de Vel. Virg., ch. 10. —
Paris, 1641.

« Corpora notant variis Picturis animalium omnis generis. » —
Herodian, l. III, p. 549, édit. 1549.

(2) « Les Espagnes, dit Varron, ont été peuplées par des Ibères,
des Perses, des Phéniciens, des Celtes et des Carthaginois. »—Varro,
apud Plin., *Hist. nat.*, l. III, ch. 1.

et jusqu'aux côtes de la Gaule Celtique, où ils établirent des relations commerciales. C'est de là qu'ils firent, pendant plusieurs siècles, le commerce si productif et si important dans l'antiquité, de l'étain et d'autres produits métalliques de ces contrées. C'est à eux que les indigènes durent l'introduction de ces armes et ustensiles de bronze si recherchés alors et que nous trouvons si souvent dans les tumuli Celtiques en Irlande et en Angleterre. Les Phéniciens conservèrent longtemps le monopole du commerce de l'étain et de la fabrication de ces objets en bronze (1). Nous les avons vus aussi représentés sur les monuments égyptiens offrant des vases de ce précieux alliage.

Ces premiers navigateurs seraient, selon l'auteur des antiquités de l'Irlande, de même origine que les Pélasges, Tyrrhènes, Étrusques, qui occupèrent et colonisèrent l'Italie et une partie de la Grèce. Il ne doute pas que les Phéniciens, à l'époque de leur découverte de l'Angleterre, ne possédassent déjà l'écriture alphabétique et les éléments des sciences et des arts, et il en conclut que l'ancien dialecte Irlandais n'est qu'une modification de la langue Phénicienne,

(1) Les Iles-Britanniques étaient les Cassitérides des anciens, de Κασσίτερος, étain. » — HERODOT., l. III, 251.

« Cassiterides in Pelago et Britannico propemodum sitæ climate. » — STRABO, l. II, p. 120. Paris, 1620.

« Olim soli Phænices, hoc commercium fecerunt ex Gadibus, celantes omnibus navigationem. » — STRABO, l. III, p. 175, *id.*

de même que l'étaient l'Étrusque, le Grec et le Romain. J'avoue qu'il y a des coïncidences remarquables entre l'Irlandais et ce que nous pouvons conjecturer de la langue Étrusque. Mais, comme ces intéressantes recherches nous mèneraient trop loin de notre sujet, je dois vous renvoyer à l'auteur lui-même.

Je dois vous faire remarquer en passant que la civilisation Phénicienne est contemporaine de celle de l'Égypte. Vous savez quelles brillantes peintures nous fait la Bible des richesses et du luxe de Tyr et de Sidon. Je ne doute nullement, et les consciencieux travaux de Micali (1) m'autorisent à penser ainsi, que les anciens peuples de l'Italie, les Étrusques, ne fussent une des premières colonies des Phéniciens. Si jamais il nous est donné d'interpréter ces inscriptions étrusques qui ont jusqu'à présent résisté aux études les plus persévérantes, nous pourrons peut-être alors suivre, dans leurs migrations, plusieurs des premiers colons de notre Europe.

Malheureusement, cet ancien peuple eut affaire à ce que nous appelons la civilisation, et ce que j'appellerai la barbarie romaine. Tout fut détruit par cette race de fer qui avait pour habitude d'imposer ses lois, ses usages, sa langue aux nations vaincues. Tout ce qui nous en reste est ce qui put, sous terre, échapper au vandalisme Romain. Les sépulcres de l'Étrurie

---

(1) Micali, l'*Italia avanti i Romani*. — *I popoli Antichi italiani.*

nouvellement découverts, nous montrent une race évidemment arrivée à un haut degré de civilisation. Leurs vases, peintures, bronzes, etc., vous sont sans doute connus, et je ne m'arrêterai pas à vous en donner la description, vous sentez assez ce qu'ils nous font regretter.

C'est ainsi que deux des peuples les plus intéressants de l'antiquité, les Étrusques et les Carthaginois, descendants des Phéniciens, ont dû être offerts en holocauste à l'égoisme de la nationalité romaine. Les premiers Romains étaient aussi ignorants et barbares que rudes guerriers ; aussi s'inquiétèrent-ils fort peu de nous conserver quelques traces des malheureux vaincus : *væ victis !* Tout fut détruit, villes, monuments, littérature, nationalité, tout jusqu'au langage. Et ce n'est que bien des siècles plus tard, lorsqu'il était impossible de renouer la chaîne interrompue, que nous retrouvons quelques allusions à l'ancienne Étrurie dans les écrivains de Rome.

Tantæ molis erat Romanam condere gentem.

Je ne puis, Messieurs, quitter les recherches sur les antiquités de l'Irlande sans me permettre un léger reproche.

Soit par esprit d'ancienne rivalité, soit faute d'en soupçonner l'importance, ce n'est que depuis peu qu'on s'est occupé sérieusement en Angleterre d'étudier l'histoire primitive des Irlandais. On commence

à s'apercevoir aujourd'hui que, soit par la tranquil-
lité qu'elle a due à son isolement, soit par d'autres
causes qu'il serait trop long d'énumérer, l'Irlande,
au commencement de notre ère, conservait plus que
toute nation de l'Ouest les traces de son ancienne
civilisation. Les premiers missionnaires du christianisme trouvèrent donc les Scots (c'est le nom primitif des Irlandais, les habitants de l'Écosse se nom-
maient à cette époque Picts) mieux disposés que les
autres peuples des Iles-Britanniques à recevoir les lu-
mières de la foi chrétienne avec les éléments des lit-
tératures grecque et latine. En effet, nous possédons
aujourd'hui une suite de monuments authentiques
de l'état des sciences et des arts en Irlande dans les
cinquième, sixième et septième siècles de notre ère.
Je ne vous énumérerai pas ici les titres de ces précieux manuscrits des Saintes Écritures, dont vous pouvez voir des reproductions partielles et une description fidèle dans la *Paleographie* de Westwood (1),
ouvrage également remarquable sous le rapport de
la science et de l'art. Vous remarquerez que ces manuscrits ne ressemblent nullement à ceux des autres
nations, que les miniatures et riches ornements qui
en couvrent les pages ont un caractère tout à fait original. Sous ce rapport, ils sont donc aussi extrêmement intéressants, puisqu'ils nous donnent une idée

(1) Ve-twood, *Palæographia sacra*, in-4°, London.

des traditions de l'art en Irlande, en remontant peut-être à la plus haute antiquité. Il m'a semblé trouver entre ces animaux fantastiques qui se plient et se replient sur eux-mêmes en mosaiques régulières, pour former les lettres capitales de ces manuscrits des Scots, une ressemblance frappante avec certains ornements que j'avais remarqués parmi les antiquités mexicaines.

Vous savez que les monastères fondés par saint Colomban en Irlande, au cinquième et sixième siècles, furent pendant longtemps la pépinière des missionnaires et des docteurs qui propagèrent la foi et les sciences en Angleterre et presque partout à l'ouest de l'Europe, et qu'on a retrouvé depuis peu de ces précieux manuscrits irlandais en Suisse et en Allemagne.

Vous le voyez, Messieurs, les questions les plus intéressantes viennent se présenter à nous de tous côtés ; et je suis obligé de sortir, malgré moi, de ce que je pourrais strictement appeler le sujet de cette lecture.

Nous avons encore en Europe, depuis les glaces de la Norwége jusqu'aux fertiles coteaux de la Méditerranée, une suite de monuments qu'il serait bien difficile d'assigner à aucune des races qui nous sont connues. Ces monuments, les plus simples et les plus primitifs qu'il soit possible d'imaginer, paraissent avoir été élevés par une race sauvage et errante, qui

.voulait ainsi perpétuer le souvenir d'un fait, d'un
homme, d'un lieu. Je veux parler des monuments
que nous appelons celtiques ou druidiques; de ces
cercles de pierres monstrueuses, de ces cromlechs,
que nous supposons avoir servi d'autels pour les sacrifices, et qui étaient probablement dans le principe
des tombeaux. Sans doute ils servirent au culte drui-
dique (1); mais nous n'avons aucune raison de supposer qu'ils furent élevés par les druides. Tout ce
que nous savons, c'est qu'étant sans date, sans inscription aucune, ils doivent probablement avoir pré-
cédé l'écriture chez le peuple qui les éleva; c'est
qu'ils doivent être les monuments d'un peuple qui
ne se construisait pas encore de demeures régulières.
Les anciens n'en savaient pas plus que nous à ce
sujet; il n'existe aucune tradition qui puisse nous
aider.

Examinons maintenant la physionomie de l'ouest
de l'Europe, au moment où les premières lueurs de

(1) « Neque fas esse existimant litteris mandari, quòd neque in
vulgus disciplinam afferri velint; neque eos, qui discunt, litteris
confisos, minùs memoriæ studere. » — CÆSAR, C. xiv.

« Natio omnis Gallorum admodùm dedita est religionibus. Ob
eam causam, qui sunt affecti gravioribus morbis, quique in præliis,
periculis que versantur, aut pro victimis homines immolant, aut se
immolaturos vovent, administrisque ad ea sacrificia druidibus utun-
tur, quòd nisi pro vita hominis reddatur, non posse deorum immortalium
numen placari arbitrantur; publicaeque ejusdem generis habeut ins-
tituta sacrificia. » — CÆSAR, C. xvi.

l'histoire viennent l'éclairer. Nous y trouvons deux
races différentes aux prises l'une avec l'autre. La première, à la peau brune, aux cheveux noirs, possédant
le pays depuis longtemps, défend pied à pied son hé-
ritage contre une autre race de haute taille,.à la peau
blanche, aux yeux bleus, qui vient du Nord et de
l'Orient (1). L'ancien peuple est obligé de céder la
place au nouvel occupant. Il est battu, mais il n'est
pas entièrement détruit. Il survit en groupes détachés
ou par le mélange de son sang à celui des nouveaux
arrivés.

Cette race à la peau brune a été désignée par le
nom d'Ibère. La race blanche, les Celtes ou Gaulois,
était une branche des races indo-germaniques. Pous-
sant devant elle les Ibères, elle se fraya un passage
jusqu'en Espagne, s'y mêla à la population indigène,
et forma les Celtibériens. Depuis cette époque si reculée, ces deux races se sont mêlées presque partout
en Europe ; et cependant une fusion complète n'a pas
encore eu lieu, et nous retrouverons dans certaines

(1) « Gallorum corpora procera. » — STRABO, l. IV.

« Sunt etiam Celtæ præ ceteris hominibus eximia corporum proceritate. » — PAUSANIAS, PHOCIC. 20, p. 105. *Id.*, 1696.

« Sunt Celtæ proceræ staturæ. » — ARRIAN, exped. Alex., Amst.,
1668.

« Galli pene omnes sunt candidi. » — AMM. MARC, l. XV, ch. 12.
Paris, 1681.

« Galli corpore albo et humoris pleno. » — DION. SIC , 5, 212.

« Gallos candida cutis distinguit. » — ISIDOR. ORIG , l. XIX, ch 23.

localités les types presque purs de chacune d'elles (1).

N'avons-nous pas ici une nouvelle preuve de cette loi constitutive de notre espèce, qui fit le sujet de ma première lecture, la persistance du type primitif, malgré les années, les migrations, les climats, les mille accidents des révolutions humaines ?

Il y avait donc une population ibérienne en Europe avant les Celtes : son type primitif peut être facilement observé encore de nos jours parmi les populations brunes, aux cheveux et aux yeux noirs, de l'Irlande et du Pays de Galles.

Les Basques forment aussi une famille ibérienne presque pure. Leur langue, appelée *Escuara*, des Escualdunac, n'a aucun rapport aux idiomes des autres peuples de l'Europe. C'est, selon **M.** de Humbolt, la langue qui a probablement le moins changé et dont les formes décèlent une langue primitive ; elle présente quelque analogie avec les langues de l'Amérique.

Nous retrouvons un autre reste de ces peuples pri-

(1) « Cùm pridem de regione invicem decertassent Iberes et Celtæ, pace factâ, communiter eam inhabitaverunt, et connubiis mixti, ob eam commixtionem dicuntur hoc nomen accepisse. » — DIOD. SICUL., l. **V, 1559.**

« Profugi quo à gente vetustâ Gallorum, Celtæ miscentes nomen Iberis. » — LUC , l. VI.

« Nos Celtis genitos et Iberis. » — MARTIAL, ep., l. I.

Martial s'adressant à Lucius, en parlant de l'Espagne, leur patrie commune.

mitifs dans le Breton pur sang. De nos jours, le Breton présente un contraste remarquable avec les populations qui l'entourent, populations en général d'une
taille élevée, aux yeux bleus, à la chevelure blonde et
à la peau blanche, d'un tempérament gai et impé-
tueux, traits caractéristiques des races celtiques et
germaniques ; tandis que le Breton est taciturne, d'un
tempérament mélancolique, fortement attaché à ses
idées et à ses usages. Un des plus profonds penseurs,
un des plus éloquents écrivains de notre siècle, l'abbé
de Lamennais, possédait d'une manière remarquable
les traits caractéristiques du Breton.

Un médecin français, M. Bodichon, qui a suivi
pendant longtemps les armées françaises en Algérie,
fut frappé de la ressemblance étonnante qu'il trouva
entre les Bretons et les Kabyles du nord de l'Afrique.
Le caractère physique et moral des deux races est
identique, dit-il. Le Breton pur sang a la tête allongée,
la couleur, les yeux, la chevelure et la taille du Ka-
byle. Il en conclut que la population ibérienne serait
venue primitivement de l'Afrique et aurait passé en
Espagne par le détroit de Gibraltar. Je n'hésite pas à
me ranger de son avis ; car tout me prouve qu'il a dû
exister, lors des civilisations phéniciennes et égyp-
tiennes, un peuple nombreux qui occupait tout le
nord de l'Afrique, et dont les Berbers de nos jours sont
probablement les descendants (1).

(1) Bodichon, *Études sur l'Algérie*, 1847.

Il serait inutile de faire des suppositions sur l'époque de l'arrivée de ce peuple en Europe ; elle précède l'aurore même de l'histoire. Qu'il nous suffise de constater le fait de son existence, qui explique cette variété que nous remarquons, en même temps qu'il fortifie notre théorie sur les différents types du genre humain. Pour vous donner une idée de l'antiquité des migrations des Ibères, j'ajouterai que l'arrivée des Celtes en Europe dépasse les premières traditions ; car si nous consultons tout ce qu'il y a de plus ancien, et je l'avouerai, bien obscur, dans les souvenirs fabuleux de l'histoire, nous trouvons que, déjà quinze cents ans avant Jésus-Christ, la Gaule était occupée par deux races distinctes, les Celtes et les Ibères, races différant totalement par la couleur, le tempérament, la constitution, le langage et les habitudes.

Mais, d'où venaient les Celtes eux-mêmes ! à quel degré de civilisation étaient-ils, arrivés lors de leur marche au midi et à l'ouest de l'Europe ? Là-dessus encore je ne puis que vous offrir des conjectures. Il n'est pas douteux qu'à l'époque où les Phéniciens visitèrent pour la première fois les côtes de l'Irlande et de la Gaule, ces deux contrées ne fussent déjà occupées par des populations celtiques qui avaient repoussé et détruit en partie les Ibères.

Nous nous rapprochons peu à peu des temps historiques, et nous allons signaler maintenant l'arrivée

4.

de nouveaux étrangers, plus énergiques, plus entreprenants que leurs devanciers.

Dans le septième siècle avant notre ère, vers 633, un clan de peuples qui habitaient vers la Chersonèse taurique, pressé par les Scythes, se leva et s'avança vers l'Ouest: c'étaient les Cimbres ou Cimmériens (1). Ces peuples avaient quelques rapports d'affinité avec les Celtes; mais la séparation qui avait eu lieu depuis si longtemps avait dû effacer presque tous les souvenirs. Comme eux, en effet, il étaient de haute taille, avaient la peau blanche, les cheveux blancs ou roux et très-épais, les yeux bleus. Il paraît même qu'ils l'emportaient sur les Gaulois par la force, la taille et le courage (2). Cette émigration des Cimbres, comme presque toutes les autres, eut lieu successivement et dans des directions différentes.

Trois siècles plus tard, en effet, nous trouvons les Cimbres sur les bords de la mer du Nord en Jutland, et, depuis l'année 113 jusqu'à 101 avant Jésus-Christ, nous voyons cette même race, qui avait prodigieuse-

(1) Dans Homère et Diodore, Κιμμέροι; dans Hérodote, Βοσπορος Κιμμέρος.

(2) « Ingenti magnitudine corpora Germanos. » — Cæsar, I.
« Germáni Gallos superant, feritate, proceritate, et fulvo colore. » — Strabo, I. VII.

ment augmenté en nombre et en puissance, commencer vers le Sud cette marche destructive qui les amena en Italie, en Gaule et en Espagne. Les Belges devaient sans doute être une première branche de l'émigration cimbrique qui s'était avancée plus loin que le gros de la nation, dans le septième siècle ; car lorsque les Cimbres furent arrivés jusqu'au nord de la Gaule, ils furent immédiatement joints par les Belges, qui devinrent leurs alliés contre les Celtes.

Poussés par les flots successifs de cette terrible invasion des Cimbres et des Teutons, qui vint enfin se briser contre la solidité des légions romaines et les talents militaires d'un Marius, les Celtes furent obligés d'émigrer eux-mêmes vers le Sud, détruisant ou entraînant dans leur fuite les populations ibériennes.

Ce fut immédiatement après ce grand mouvement des populations de l'Ouest, que César et ses légions firent leur entrée dans les Gaules.

« Toute la Gaule, nous dit-il au commencement de ses commentaires, est divisée en trois parties : l'une est habitée par les Belges (les Cimbres au nord) ; l'autre par les Aquitains (les Ibères au sud-ouest) ; et la troisième par ceux qui, dans leur langage, s'appellent Celtes, et que nous nommons Galli (Gael, Gaulois). Ces races diffèrent entre elles par le langage, les habitudes et les lois. »

Vous reconnaissez les trois races dont nous avons essayé de vous indiquer les migrations successives.

Ainsi, un siècle avant notre ère, nous trouvons en présence, à l'ouest de l'Europe, quatre races principales : les Ibères, dont les Aquitains et les Ligures au midi de la Gaule étaient des branches ; les Celtes, divisés en plusieurs tribus sous différentes dénominations ; les Teutons et les Cimbres formant aussi des clans séparés nombreux ; et enfin (last but not least) les Romains. Pour compléter le tableau nous y ajouterons les colons phéniciens et grecs fixés au midi de la France, sur les côtes de l'Espagne et de l'Irlande.

Nous voici arrivés à une époque où la population de l'Europe commence à se mélanger considérablement par les invasions et déplacements continuels de races diverses et de différentes tribus de ces races. Il sera donc extrêmement intéressant d'étudier l'effet que dut avoir ce mélange sur le caractère physique et moral de ces peuples.

Il ne faut pas s'imaginer que ces invasions produisirent l'extermination de certaines races. Non, cela n'eut lieu que très-rarement et dans quelques localités seulement. Cette inévitable destruction, dont nous voyons un si triste exemple parmi les indigènes de l'Amérique du Nord, n'a lieu que dans le cas où deux nations, dans un état de civilisation si différent, viennent à se rencontrer. Il y a deux mille ans, c'était un événement ordinaire que ces mouvements, ces déplacements volontaires ou forcés des populations. L'Europe était alors très-légèrement peuplée; d'immenses forêts primitives, des plaines et des marais incultes en couvraient encore une grande partie. Les habitants de ces solitudes menaient une vie errante et changeaient souvent de place avec leur famille et leurs troupeaux. Même quelques siècles plus tard, lorsque les populations se furent agglomérées et eurent contracté les habitudes et les besoins de la vie civilisée, la conquête ne produisit jamais l'extermination ou le déplacement total des vaincus. Ainsi l'établissement des Wisigoths et des Bourguignons dans le midi de la Gaule au commencement du cinquième siècle; la conquête des Gaules par cette tribu teutonique, les Francs, sur la fin du même siècle; et celle de l'Angleterre par les Normands, en 1066, ne firent, comme vous le savez, qu'ajouter un élément nouveau à la population primitive. Car les conquérants n'étaient qu'une poignée d'hommes comparés aux peuples conquis (1). Ils imposèrent, il est vrai, leurs lois et leurs usages, mais ils ne purent changer le caractère physique de la nation.

Il est un autre phénomène très-intéressant qui se produit par l'effet de ce mélange de races différentes.

(1) Guillaume de Normandie fit la conquête de l'Angleterre avec soixante mille hommes.

Lorsque deux races viennent à ə mêler sans qu'il y ait répugnance de part et d'autre, c'est généralement le nombre relatif qui décide la prédominance de l'une sur l'autre ; telle est la règle générale. Mais il est bien rare que les choses se passent ainsi. La conquête amène toujours avec elle plus ou moins, aversion et isolement du côté des vaincus, mépris et éloignement du côté des vainqueurs. Voyez, par exemple, ce qui reste en Europe de ses premiers habitants connus, voyez les Basques et les Bretons : Ennemis des Celtes qui les entouraient, ils ne contractent d'alliance qu'entre eux et conservent ainsi presque pur le type primitif de l'Ibère à travers une période de plus de trois mille ans. Et c'est ainsi que, même en Europe, où il est si difficile de retrouver les types originaux, nous sommes à même de vérifier cette loi constante dans l'histoire physique du genre humain.

De même après la conquête de la Gaule par les Francs et celle de l'Angleterre par les Normands, le mélange du sang fut tout à l'avantage des vainqueurs. Les descendants de ces fiers guerriers épousèrent souvent, il est vrai, les filles de leurs vassaux, entraînés par l'appât de leurs possessions ou de leur beauté ; mais rarement les nobles filles des Francs et des Normands voulurent-elles condescendre à s'abaisser jusqu'au Gaulois et au Saxon. Le principe de caste régnait alors, et n'a pas même encore perdu toute son influence de nos jours. Or, vous savez que c'est la prépondé-

rance du mâle qui détermine surtout le type des descendants, en sorte qu'un petit nombre de vainqueurs
peut, au milieu d'un peuple étranger, perpétuer sa
race dans une certaine pureté ; vous en avez une
preuve dans les barons normands qui formèrent le
noyau de l'aristocratie anglaise. Mais pour que cela
ait lieu, il faut qu'il y ait supériorité morale aussi bien
que supériorité physique. Car, si un petit nombre
d'étrangers venait à se mêler à une nombreuse population indigène sans avoir sur elle aucune supériorité
d'organisation, ils seraient bientôt absorbés dans la
masse, et leur type disparaîtrait entièrement au bout
de quelque temps.

Nous en avons une preuve en Italie. Quelle contrée
en Europe souffrit plus qu'elle de ces invasions successives. Hordes après hordes de barbares Wisigoths,
Vandales, Huns, Hérules, Ostrogoths, Lombards,
Normands, vinrent successivement fondre sur elle
comme des oiseaux de proie, et la dévastèrent d'un
bout à l'autre. Rome consulaire, Rome impériale,
Rome, qui avait elle-même sacrifié tant de peuples à
son ambition, comme elle eut à expier ses triomphes, sa
fierté, son égoïsme, sa dureté et ses vices. Pardonnez-
moi, Messieurs, ces récriminations qui m'échappent,
malgré moi, contre ce grand peuple, grand dans son
despotisme et sa corruption même ; mais je ne puis
oublier qu'il a étouffé dans sa puissante étreinte tant
d'autres civilisations qui ont bien aussi quelque droit

à nos regrets. Eh bien! cette masse de barbares n'a laissé quelque trace de son passage dans la physionomie de la population actuelle, que dans le nord de l'Italie. Partout ailleurs le type et la race sont restés presque purs.

Pour appuyer cette observation et vous donner une preuve de la vitalité de certaines races, je vous citerai un fait remarquable qui a été recueilli par M. Paulmier (1), dans ses Aperçus généalogiques sur les descendants de Guillaume-le-Conquérant. C'est qu'il n'y a pas une famille royale légitime en Europe, pas une tête couronnée qui ne puisse faire remonter sa généalogie jusqu'au colosse normand. Et, chose curieuse, l'Ethnologie a tracé une ressemblance remarquable entre les traits de l'empereur de Russie, Nicolas, et ceux de Guillaume de Normandie.

Avant de quitter l'étude de ces races dont la vigueur, la jeunesse et les sauvages vertus vinrent remplacer sur le théâtre de l'histoire, la décrépitude, les vices et la faiblesse de ce grand empire romain ; avant de passer aux origines des peuples de notre antiquité classique, je voudrais suivre les tribus germaniques dans leurs fréquentes migrations au Sud et leurs établissements successifs. Mais ce serait faire l'histoire

(1) Paulmier, *Revue archéologique*, 1845, p. 794 et suiv.

de l'Europe , depuis cette terrible invasion des Cimbres, dont je vous ai parlé plus haut, jusqu'aux expéditions des Normands en Sicile ; ce serait faire l'histoire de douze siècles de guerres, de déplacements et de catastrophes politiques inouies. Vous comprenez assez que, pour suffire à une pareille tâche, il nous faudrait de nombreuses et longues séances.

Je dois donc me borner aujourd'hui à vous présenter un tableau aussi complet que possible de l'ensemble de ces peuples nombreux qui appartenaient tous à la même race et qui nous sont connus sous tant de dénominations différentes. Il suffit, du reste, de rappeler ces noms si justement célèbres, et aussitôt tous les événements de notre histoire moderne, pendant douze cents ans, viennent se grouper devant nous. Le Franc, le Wisigoth, le Bourguignon, le Vandale, le Saxon, le Danois, le Lombard et le Normand, n'est-ce pas la Gaule, l'Espagne, l'Italie, l'Angleterre et l'Afrique du Nord à la chute de l'empire romain et au moyen âge ?

A cette courte nomenclature, je joindrai le portrait de la physionomie et du caractère des Germains, tel que je le trouve dans les anciens historiens qui ont été à même de les observer avec soin.

Les peuples qui, au commencement de l'ère chrétienne, habitaient cette vaste partie de l'Europe comprise entre le Rhin et les Alpes au midi, l'Océan à l'ouest et au nord, et les steppes de l'Asie à l'est, ont

été de tout temps connus sous le nom de races Teutoniques ou Germaniques. La première dénomination,
la plus ancienne, était commune à tous ces peuples.
Elle tire son origine, dit Tacite, du nom de leur prin-
cipale divinité, Teut, Tis ou Tuis, Tuiston étant le
nom du premier homme, Thiudu, la nation par
excellence ; de là Teutones, les Teutons, et dans la
langue moderne Teutsch ou Deutsch, les Allemands.
Le nom de Germains, ou hommes de guerre, ne leur
fut donné que lors de leur première invasion des
Gaules ; ce nom, ils l'adoptèrent eux-mêmes avec
enthousiasme, et ils l'ont conservé depuis cette époque. Ainsi, ces deux expressions, Teutons et Germains,
seront synonymes pour nous, comme elles l'ont été
pour le plus grand nombre des historiens qui ont traité
de la Germanie (1).

Pour introduire quelque variété dans nos recherches, je vais pour un instant considérer ces peuples
au point de vue de leur situation géographique et de
l'idiome particulier qui leur était propre. Cette division me paraît la plus simple, la plus claire et la plus
propre à se fixer dans la mémoire.

(1) « Celebrant carminibus antiquis, quod unum apud illos memoriæ et annalium genus est, Tuistonem deum terrâ editum, et fi-
lium Manum, originem gentis conditores que. » — TACIT., *De Mor.
Germ.*

« Ceterum Germaniæ vocabulum recens et nuper additum. Quo-
niam qui primi Rhenum transgressi Gallos expulerint, ac nunc Tun-
gri, tunc Germani vocati sunt. » — TACIT., *De Mor. Germ.*

Je formerai donc trois groupes principaux. Le premier, qui se composait des peuples que nous nommerons teutoniques, occupait le pays que nous désignons aujourd'hui sous le nom d'Allemagne du midi, c'est-à-dire l'Autriche, la Bavière, la Suisse, le duché de Bade et les pays limitrophes. Parmi ces peuples, je remarque les Marcomans, les Suèves, les Allemands confédérés sous Caracalla, et les Francs. Leur idiome a donné naissance au haut allemand ancien, et à la langue tudesque qui fut parlée par les Francs mérovingiens jusqu'à Charles-le-Chauve, époque à laquelle elle fut remplacée en France par le vieux français. Au dixième siècle, le haut allemand moyen succéda à l'ancien ; c'est dans cet idiome que furent composées les poésies des Minnesaenger. Le haut allemand moderne, qui commença à l'époque de Luther, est aujourd'hui la langue des livres et des savants.

Le second, que je désigne par le nom de groupe saxon ou cimbrique, habitait les contrées auxquelles nous donnons maintenant le nom d'Allemagne du nord, la Prusse, les Saxes, les Flandres et la Hollande. Là, se trouvaient les Cimbres autrefois si célèbres, mais déjà réduits à une petite confédération à l'époque de Tacite, les Saxons, les Angles, les Bructères, les Frisons et les Lombards, etc. C'est là que se forma le bas allemand ou saxon ancien, auquel a succédé le bas allemand ou saxon moderne ; l'ancien flamand, qui se parlait à l'époque des ducs de Bourgogne, a fait place aujourd'hui au hollandais.

Le troisième groupe norman-gothique, ou scandinave, embrassait toutes les provinces du nord de l'Allemagne, la Scandinavie, la Norwége, la Suède et le Danemark. C'est parmi ces peuples que nous reconnaissons quelques-uns des plus intrépides envahisseurs du sud de l'Europe, et ces hardis pirates qui furent si longtemps la terreur des côtes de l'Angleterre et de la Gaule. Les Goths mêlés aux Finnois, Ostrogoths et Visigoths, les Vandales, les Bourguignons, les Hérules destructeurs de l'empire romain sous Odoacre en 476, les Danois et les Normands. La langue de ces peuples a donné naissance à plusieurs idiomes principaux : le gothique, maintenant éteint, le normannique, la langue de l'Edda et des poëmes du nord, également éteint ; le suédois, le danois et le norwégien moderne.

Je ne m'étendrai pas plus au long sur les détails de cette nomenclature. Elle suffira, je pense, pour faire voir de quelle partie de la Germanie venaient ces barbares qui ont joué un si grand rôle dans notre histoire moderne, et qui ont fondé les plus puissants empires de l'Europe. J'ai voulu montrer aussi par l'identité d'idiome de tous ces peuples une communauté évidente d'origine. Vous savez que les philologues allemands ont trouvé de nombreux rapports entre le sanscrit et l'allemand, ce qui a autorisé plusieurs historiens à donner à ces anciens peuples de la Germanie le nom de races indo-germaniques.

Examinons maintenant les traits caractéristiques de ces races. Les anciens historiens n'ont pu observer que celles qui se trouvaient près du Rhin et au nord de l'Italie. Mais nous avons été à même depuis d'étudier ces peuples dans les différentes parties de l'Europe où ils se fixèrent ; et nous pouvons vérifier aujourd'hui, parmi leurs descendants, la vérité des descriptions qui en ont été faites.

Voici le portrait que Tacite nous donne de leur physionomie : « Je me range de l'opinion de ceux, dit-il, qui pensent que les peuples de la Germanie n'ont mêlé leur sang à celui d'aucune autre nation, et qu'ils forment une race pure, originale et parfaitement homogène ; c'est pourquoi les traits et la conformation, dans ce grand nombre de peuples, sont identiques : les yeux bleus et le regard farouche, les cheveux roux, la stature haute et forte. (1) » Telle est aussi la description que nous ont donnée de ces peuples tous les écrivains de l'antiquité (2).

Nous avons vu plus haut que les Germains l'emportaient sur les Celtes ou Gaulois en taille, en force et en courage. Nous trouvons, en effet, dans Suétone,

(1) Tacit., *De Moribus Germ.*

(2) « Sub septentrionibus nutriuntur gentes immanibus corporibus, candidis coloribus, diruso capillo et rufo, oculis cæsiis, sanguine multo. » — Vitruv., 6, 1.

5.

que Caligula, voulant se donner les honneurs d'un triomphe sur les Germains et n'ayant fait aucun prisonnier de cette nation, choisit dans les Gaules les hommes de la plus haute taille, et les obligea à laisser croître leurs cheveux et à les teindre en rouge, ce qui, par parenthèse, fit assez rire à ses dépens (1). Cette chevelure rousse ou rouge paraît avoir été comme le signe de nationalité parmi tous les peuples germaniques. Ils l'entretenaient en teignant leurs cheveux qu'ils portaient longs et crispés. Et, chose curieuse, cette couleur favorite des barbares, les plus fiers ennemis des Romains, devint à la mode à Rome sous les empereurs. Les dames romaines portaient des tours de cheveux envoyés à grands frais du fond de la Germanie, ou bien, à défaut de ceux-ci, elles se teignaient les cheveux en roux avec des préparations de cendre et de chaux. Nous voyons Tertullien reprocher aux dames romaines de son époque ce genre de coquetterie assez extraordinaire (2).

(1) Suet., *Cal.*, c. 47.

(2) « Nùm tibi captivos mittet Germania crines :
  Culta triumphatæ munere gentis æris ;
  O quàm sæpè, comas aliquo mirante, rubebis ;
  Et dices, emtâ nunc ergo merce probor !
  Nescio quam pro me laudat nunc isto Sicambram. »
       Ovid. *Amor*, lib. I, eleg. 14.
« Caustica Teutonicos accendit spuma capillos ;
Captivis poteris cultior esse comis. »
        Mart., l. XIV, ép. 26.
« Video quasdam et capillum croco vertere. Pudet eas etiam na-

Tacite sera encore notre guide dans la description du caractère, des habitudes, de l'organisation militaire de ces peuples. Plus je relis son Essai si court et si complet sur les mœurs des Germains, plus je suis à me demander comment on a pu supposer que Tacite avait embelli à dessein le portrait qu'il fait de ces barbares pour le faire contraster plus fortement avec les vices et la corruption de Rome à cette époque. Je trouve, au contraire, qu'il est tellement plein de son sujet, tellement sobre d'allusions et de comparaisons, que je lui en ferais presque un reproche.

Il me paraît avoir peint avec la plus scrupuleuse exactitude les vertus et les vices de ces races si remarquables ; leur aveugle courage, leur intrépidité au milieu du danger, leur mépris de la mort ; leur peu de fermeté à supporter les fatigues, les privations et les revers d'une longue campagne ; leur amour pour la liberté et la patrie ; leur respect pour la femme, la chasteté de leurs mœurs ; leur mépris pour le luxe et les richesses dont ils ne connaissaient pas le prix, et leur estime pour tout ce qui tendait à développer le courage et les forces ; la simplicité de leur gouvernement de tribus où les chefs devaient obéir à l'opinion de la majorité dans tous les cas importants ; l'organisation de leur aristocratie militaire qui conférait au

tionis suæ quod non Germanæ aut Gallæ sint procreatæ, ità patriam capillo transferunt, » — TERTULL., *De Cultu fœmin.*, c. 6.

plus digne, ou à celui dont les ancêtres s'étaient déjà distingués, le commandement sur ses compagnons, et qui réunissait autour de lui un corps d'élite de jeunes guerriers toujours prêts à défendre leur chef à la guerre, à se distinguer à ses yeux et à mourir avec lui plutôt que de lui survivre ; leur vie errante, sans demeure fixe ; leur passion et leur ardeur pour tous les exercices de la chasse et de la guerre ; leur oisiveté dans la paix et leur mépris pour les travaux de l'agriculture ; leur intempérance dans leurs festins nocturnes, intempérance qui leur coûta cher bien souvent ; leurs malheureuses divisions, et cette hostilité continuelle de tribu contre tribu qui décimait leurs meilleurs guerriers et fut pendant longtemps la sauvegarde de Rome (1). Les Germains ignoraient et méprisaient en général les sciences et les arts, à moins qu'ils ne pussent leur servir à la guerre, qui semblait être le but de leur existence. Leurs annales et leur littérature consistaient en chants religieux et nationaux qu'ils confiaient à la mémoire et que la tradition seule conservait de génération en génération (2).

Ils avaient aussi des chants de guerre qui servaient à animer le courage des guerriers en marchant au combat, et à célébrer leurs victoires. Ces chants

(1) Tacit., *De Mor. German.*

(2) « Celebrant carminibus antiquis, quod unum apud illos memoriæ et annalium genus est, » — Tacit., *De Mor Germ.*

s'exécutaient en mesure et en frappant sur leurs boucliers (1).

« Plût à Dieu, dit Cicéron (2), que nous eussions encore ces vers qu'on avait l'habitude de chanter dans les festins à la louange des grands hommes, plusieurs siècles avant l'époque de Caton, et dont il parle dans son livre des origines. »

N'est-ce pas là le vœu que nous pourrions faire aussi, à propos de ces poëmes de nos ancêtres qui résumaient toute leur histoire?

Tels étaient, Messieurs, ces fiers et sauvages guerriers de la Germanie, qui luttaient, le corps nu, avec des armes grossières et sans autre discipline que leur impétuosité, contre les légions de Rome, c'est-à-dire contre les troupes les plus aguerries, les mieux disciplinées qu'on eût jamais vues, contre des armées qui avaient fait la conquête du monde civilisé d'alors, et qui étaient commandées par les plus habiles capitaines de l'antiquité, des César, des Germanicus, etc.

Rome était arrivée à l'apogée de sa puissance et de sa grandeur, lorsque cette lutte à mort commença;

____

(1) « Sunt illis hæc quoque carmina, quorum relatu quem barditum vocant; accendunt animos, futuræ que pugnæ fortunam ipso cantu augurantur. » —TACIT., *De Mor. Germ.*

« Temerè subeuntes cohortes Germanorum, cantu truci, et more patrio, nudis corporibus, super humeros scuta quatientes. » — TACIT., *Hist.* 14, 22.

(2) Cic., *Brut; Tusc. quæst.*, 1, 2.

la Gaule était déjà conquise; le monde entier s'incli-
nait devant la majesté romaine. Qui eût pu supposer
un instant à Rome, que ces barbares qui erraient dans
les forêts et les marécages affreux de la Germanie
pourraient seuls arrêter le vol de l'aigle impérial? Ils
résistèrent cependant, et à l'épée du légionnaire et
aux armes non moins dangereuses d'une civilisation
corrompue, le luxe, la mollesse et les plaisirs. Ils
restèrent barbares et libres, et quatre siècles plus
tard ils se partageaient les lambeaux de cet immense
empire.

Quel intéressant sujet d'études et d'observations
pour l'Ethnologie, que ces vigoureux enfants du Nord !
Elle souscrit au portrait que Tacite en a tracé, et dont
l'exactitude et la vérité ont été observées plus tard
parmi ces races, qui, quoique mêlées à des peuples
bien plus civilisés, conservèrent néanmoins longtemps
leurs mœurs et leurs usages. Elle retrouve dans l'organisation de ces tribus germaniques (1), dans leur
aristocratie militaire et héréditaire, dans leur respect
pour la femme, dans leur passion pour la gloire militaire, dans leur amour pour la liberté, dans leur mépris pour les arts et la mollesse des sociétés civilisées,

(1) « De minoribus rebus principes consultant, de majoribus omnes, ita tamen, ut ea quoque, quorum penes plebem arbitrium est,
apud principes pertractentur. » — TACIT., *De Moribus Germ.*

En lisant ce passage de Tacite, peut-on s'empêcher de penser à la
constitution anglaise, qu'il semble annoncer si clairement.

le germe de toutes les institutions du moyen âge : la féodalité, la chevalerie avec son point d'honneur, ses rudes exercices, le mérite qu'elle attachait à la carrière militaire ; la fidélité au suzerain avec l'indépendance personnelle ; le gouvernement aristocratique, et plus tard, lorsque les communes eurent grandi et furent devenues un autre pouvoir dans l'État, le gouvernement représentatif complet. Elle montre que là où le sang des races germaniques domine et n'a pas dégénéré, comme en Angleterre, par exemple, ces institutions se conservent encore et ne font que changer de formes, tandis que partout où les races romaines, celtiques, sclavonnes, ont aujourd'hui le dessus, la constitution politique tend, au contraire, à la forme monarchique absolue. Elle signale la diminution notable du type germanique au sud de l'Europe, où il ne fut jamais qu'en petit nombre et où il est presque absorbé aujourd'hui par les races antérieures. Fait à jamais regrettable et dont on peut à peine prévoir les conséquences. Elle remarque que les fréquentes migrations qui eurent lieu pendant près de douze cents ans des tribus les plus énergiques parmi les peuples de la Germanie, et le mélange des peuples esclavons ainsi que d'autres races, semblent avoir altéré sensiblement les qualités primitives des races teutoniques en Allemagne. Elles sont loin, en effet, d'égaler l'activité, l'énergie, l'esprit d'entreprise que nous admirons dans ces races en Angleterre.

Vous attendez sans doute de moi, dans un aperçu général sur l'Ethnologie de l'Europe, quelques détails précis sur les origines de ces deux grands peuples dont notre civilisation moderne est en quelque sorte la fille. La Grèce et Rome méritent bien que nous nous arrêtions quelque temps à chercher quel heureux mélange de races produisit ces deux nations si remarquables. Ne leur devons-nous pas presque tout ce que nous sommes en législation, philosophie, littérature et beaux-arts? et ne passons-nous pas tous les premières, les plus belles années de notre existence, à étudier et à imiter leurs chefs-d'œuvre impérissables. Je l'essaierai, Messieurs, mais je me vois dans l'impossibilité de vous satisfaire comme je le désirerais. Outre que le temps me manque pour entrer dans tous les détails nécessaires, passer en revue et critiquer les historiens des antiquités de la Grèce et de Rome, je dois vous l'avouer, cette question des origines grecque et romaine est encore, et restera probablement enveloppée dans la plus grande obscurité. Nous pouvons nous former une idée de la confusion et des incertitudes qui règnent dans cette partie de l'histoire, en parcourant les antiquités de Denis d'Halicarnasse, qui, un quart de siècle avant Jésus-Christ, vint à Rome, passa vingt années à faire des recherches sur les origines des peuples de l'Italie, et qui, malgré tout son talent d'observation et les sources originales qu'il put consulter, ne nous a laissé que des doutes et des conjectures.

Je vous ai déjà fait remarquer, à propos des anciens peuples de l'Italie, que les écrivains de Rome ne nous fournissent aucun renseignement positif. Nous en savons probablement beaucoup plus aujourd'hui sur l'Étrurie, après avoir parcouru les ouvrages de Micali et de Mrs Hamilton Gray (1), que n'en savaient les Romains eux-mêmes aux plus beaux siècles de leur littérature (2). Nous devons considérer comme démontré, que dès la plus haute antiquité l'Italie fut peuplée principalement par les Pélasges et par des colonies phéniciennes, et que cette civilisation si avancée de l'Étrurie, qui périt sous l'épée du soldat romain, fut, pour ainsi dire, contemporaine des civilisations égyptienne et phénicienne. Les Celtes, et plus tard des tribus indo-germaniques, s'étaient avancés considérablement du côté du Nord, et occupaient une partie de la Péninsule dès l'année 700 avant notre ère. En comparant aujourd'hui les populations du nord de l'Italie à celles du midi, on peut encore se rendre compte de la prédominance de ces différentes races.

(1) *The sepulchres of Etruria.*

(2) Plus tard, au temps de Pline et de Quintilien, lorsque Rome se fut enrichie des chefs-d'œuvre de la Grèce, quelques restes de peintures étrusques commencèrent à attirer l'attention

La fondation de Rome, suivant Varron, sept cent cinquante ans avant Jésus-Christ, n'est dans les annales de l'Ethnologie qu'un événement comparativement moderne ; et elle nommerait à peine ce ramas d'aventuriers de toutes les parties de l'Italie qui suivirent Romulus et qui vivaient de vol et de pillage, si ce fait, insignifiant en apparence, n'avait eu plus tard une si grande influence sur les destinées du genre humain. Ce magnifique avenir resta longtemps incertain, et Rome eut à faire un long et dur apprentissage de la guerre, pour se préparer à la domination universelle. Nous trouvons, en effet, qu'après deux cent cinquante ans de guerres continuelles, après avoir vaincu vingt peuples différents qui l'entouraient, Rome n'avait pas étendu ses frontières au delà de vingt milles.

La Grèce elle-même, si fière de son antiquité, ne nous offre avant la guerre de Troie, environ douze cents ans avant Jésus-Christ, que des mythes et d'obscures traditions. « Si l'histoire d'une nation, dit Hermann, ne commence que lorsqu'elle peut avoir une chronologie, la Grèce peut à peine réclamer une histoire avant la guerre de Troie. Sans doute quelques-unes de ces premières traditions sont fondées sur des faits : mais ces faits sont tellement enveloppés de fables et d'allégories, que les esprits les plus pénétrants se sont trouvés impuissants à les réunir pour en former une chaîne historique..... ... Le caractère national des Grecs s'est développé à travers une suite de violentes commotions, de révolutions, de guerres et d'émigrations qui se terminèrent avec l'invasion des Héraclides (cent ans environ après la guerre de Troie). C'est à cette époque que le nom d'Hellènes fut donné généralement aux habitants de la Grèce (1). »

Les anciens historiens eux-mêmes ne considéraient comme strictement historiques que les événements qui se passèrent depuis la première Olympiade, sept cent soixante-seize ans avant Jésus-Christ. Varron, le plus savant antiquaire de Rome, distinguait trois époques dans l'histoire de la Grèce. La première, qu'il appelle obscure, commence à la création et va jusqu'au premier déluge ; la seconde, sous le nom de fabuleuse, s'étend depuis le premier déluge, le déluge d'Ogygès, jusqu'à la première Olympiade ; la troisième, la période historique, compte depuis la première Olympiade (2).

Je ne vous fatiguerai pas, Messieurs, par la nomenclature des nombreux systèmes chronologiques des historiens de la Grèce.

(1) Hermann, *Antiquités politiques de la Grèce.*

(2) « Tria discrimina temporum : primum ab hominum principio ad cataclysmum priorem, quod propter ignorantiam vocatur ἄδηλον ; secundum à cataclysmo priore (Ogygis) ad olympiadem priorem, quod, quia in eo multa fabulosa referuntur, μυθικὸν nominatur ; tertium à prima olympiade ad nos, quod dicitur ἱστορικὸν, quia res in eo gestæ veris historiis continentur. » — VARRO, *Apud Cens.* c. 21.

A raison de sa position géographique, nous avons droit de supposer que la Grèce dut recevoir, dès la plus haute antiquité, des colons, soit des côtes de l'Asie-Mineure, où se forma le premier développement de ces races qui fondèrent les grands empires de l'Asie, soit du côté du nord, par les flots successifs de peuples qui se précipitaient sur l'Europe, et qui durent naturellement être attirés vers le sud dans leur passage. Nous trouvons, en effet, que les Pélasges, qui ont laissé ces monuments cyclopéens dont on retrouve encore des restes dans les ruines de plus de deux cents villes en Grèce et en Italie, occupèrent dès les premiers temps une grande partie de la Grèce, y compris le Péloponèse et la Thessalie, et formaient peut-être alors la plus puissante et la plus civilisée de ses populations (1). Ils possédaient un alphabet de seize lettres qui avait, dit-on, survécu au déluge d'Ogyges. Ils durent probablement entrer en Grèce par le nord. Mais je ne veux pas prendre sur moi de décider cette question si obscure, et après tout inutile peut-être : les premiers colons de la Grèce arrivèrent-ils par terre ou par mer ?

A côté des Pélasges, nous trouvons les Léléges,

----

(1) Οἱ δὲ Πελασγοὶ τῶν περὶ την Ἑλλάδα δυνασευσάντων ἀρχαίοτατοι λέγονται.

Strabo, l. VII, p. 327.

« Ante œtatem Hellenis Deucalionis filii, gens Pelasgica latissimè diffusa. » — Thuc., l. Ier, c. 3 ; éd. 1696, Oxf.

les Cariens, les Curetes, les Epéens, et beaucoup
d'autres peuplades indépendantes. D'où venaient ces
peuples et en quoi différaient-ils des Pélasges? nous
n'avons comme d'ordinaire, à cette époque de l'histoire des nations, aucun renseignement, aucune donnée probable. On a tiré un argument d'homogénéité
d'origine parmi ces peuples, du fait de la prévalence
du même langage. Mais ce fait lui-même n'est rien
moins que prouvé à mes yeux.

Nous trouvons ensuite parmi les traditions grecques, l'introduction de l'alphabet phénicien par Cadmus, quinze cents ans environ avant notre ère. Ce
fait n'a dû avoir lieu qu'après des communications
fréquentes avec les Phéniciens, ces hardis navigateurs qui, sans doute avant cette époque, visitaient
les côtes de la Grèce et de l'Italie.

Après eux, viennent les Egyptiens, qui établirent, à
ce qu'il paraîtrait, une colonie à Athènes, à peu près
à la même époque. Cette colonie était conduite par
Erechtée ou Cecrops. Danaüs, à la tête d'une autre colonie égyptienne, s'était aussi fixé, dans le seizième
siècle avant Jésus-Christ, dans les plaines de l'Argo-
lide (1).

(1) « Primi per figuras animalium Ægyptii sensus mentis effinge-
bant; et antiquissima monimenta memoriæ humanæ impressa saxis
cernuntur, et litterarum semet inventores perhibent. Indè Phenices,
quià mari præpollebant, intulisse Græciæ, gloriam que adeptos, tan-
quam reppererint quæ acceperant. Quippe fama est, Cadmum classe

Ces différentes colonisations par des peuples venus des côtes de l'Asie-Mineure et de l'Afrique, me paraissent reposer sur des données historiques concluantes. Nous savons qu'aux seizième et quinzième siècles avant notre ère, l'Égypte et la Phénicie étaient arrivées à un haut degré de civilisation et de puissance ; c'est à peu près l'époque des grandes expéditions militaires des Ramsès. Il est tout naturel de supposer, par ce qui se passe sous nos yeux tous les jours, qu'ils durent envoyer de nombreuses colonies sur toutes les côtes de la Méditerranée.

Jusqu'à quel point ce fait modifia-t-il la race des premiers habitants, et quel mélange eut lieu entre eux et les colons asiatiques ? Au point de vue de l'Ethnologie, cette question n'a pas encore de solution. Au point de vue de l'histoire de l'art grec, j'aurais trop à dire pour me permettre une si longue digression hors de notre sujet.

Phœnicum vectum, rudibus adhuc Græcorum populis artis hujus auctorem fuisse. Quidam Cecropem Atheniensem, vel Linum Thebanum, et temporibus trojanis Palamedem Argivum memorant, ac præcipuum Simonidem ceteras reperisse. » — Corn. Tacit., *Annal.*, lib. II, ch. 14.

C'est ainsi que Tacite résume les traditions sur ces colonies et l'introduction de l'alphabet en Grèce. On voit qu'il donne à l'Égypte la palme de l'antiquité, ce que confirment les découvertes faites de nos jours.

Vide quoque, Herod., v. 57 ; Diod., III, 66 ; Plin., 7, 56 ; Josephus C. Apion, 1, 2.

Nous trouvons donc d'abord en Grèce, une population évidemment d'origine caucasienne, venant du nord, et divisée en autant de tribus différentes qu'il y avait de vallées et de plaines dans ce pays si accidenté. Nous leur donnons le nom de Pélasges (1). Nous n'osons pas affirmer qu'ils furent les premiers colons. Nous trouvons à côté d'eux d'autres peuples également divisés selon la nature des contrées qu'ils habitent. Ces peuples, soit par l'effet de l'isolement que produisit cette disposition géographique des contrées de la Grèce, soit parce qu'ils appartenaient à des souches différentes et à des migrations presque simultanées de différentes parties de l'Asie, vivaient dans un état habituel d'hostilité. Cet état devint même plus tard la loi constitutive de ces petites sociétés, et sert à expliquer l'histoire politique de ce peuple extraordinaire. La vie sociale de ces peuplades était à peu près celle du clan écossais il y a peu de siècles. Hors de son clan, l'individu ne trouvait partout que des ennemis implacables. Rien n'était sacré

(1) Les poètes, dans leur langage figuré, ont donné à ces peuples une taille et une force extraordinaires. De là, le nom de Cyclopes, de Géants, de Titans, etc. Ils offraient, dit-on, leurs sacrifices sur une pierre monstrueuse, au milieu des bois ou sur les montagnes. Ils choisissaient aussi, pour les cérémonies de ces sacrifices, un gros arbre, particulièrement un vieux chêne. Ces traditions paraissent leur donner des rapports d'origine avec les premiers habitants de la Germanie, de la Gaule et de l'Angleterre.

ou respecté, et il n'existait d'autre loi internationale que celle qui résultait d'un contrat positif.

Plus tard, dans ces riches plaines de la Thessalie qui semblent avoir été dès les premiers temps le théâtre de ces fréquentes migrations en Grèce et le berceau de ses races les plus remarquables, nous avons à signaler la dernière de ces grandes invasions du côté du Nord. Ce fut celle des Héraclides et puis celle des Doriens qui suivirent de près. Cette invasion doit avoir eu lieu à l'époque de la guerre de Troie, ou peu après. Mais déjà avant l'arrivée de ces nouveaux colons, la situation de la population pélasgique et grecque avait considérablement changé. Les Pélasges, qui occupaient la plus grande partie du nord de la Grèce, avaient été obligés de reculer graduellement devant d'autres étrangers, les Macédoniens, qui s'emparèrent de l'Emathie, et qui venaient probablement de l'Illyrie ; les Chamiens, les Molosses et plusieurs autres peuples qui, plus tard, aux temps historiques, cessèrent d'être considérés comme ayant une origine commune avec les Grecs.

A l'époque où eut lieu l'invasion des Doriens, les Arcadiens étaient tout ce qui restait des anciens Pélasges. Divisés en un grand nombre de petites peuplades, ils défendirent longtemps leur indépendance. Cette invasion dorienne eut, comme vous le savez, une grande influence sur les destinées de la Grèce, sur sa civilisation et son langage. D'où venaient les Doriens ?

Nous ne savons à peu près rien de leur histoire avant leur arrivée en Grèce. Phtiotis, l'ancienne Hellas, est désignée comme leur première demeure sous Deucalion, le fondateur fabuleux de leur race. Nous les trouvons ensuite aux prises avec les Lapithes, qui avaient chassé les Pélasges des contrées qu'ils occupaient près du Pénée. Il paraît qu'ils s'arrêtèrent quelque temps près du mont Pinde, où ils prirent aussi le nom de Macédoniens. Avançant ensuite, vers le midi, sur les traces des Héraclides, ils furent contenus quelque temps au delà de l'isthme. Mais enfin, réunis aux Étoliens sous Oxyle, ils se forcèrent un passage et pénétrèrent dans le Péloponèse, 1100 ans environ avant Jésus-Christ.

Nous voici arrivés à la période héroïque. Homère en est l'historien, le géographe et le peintre. Ses héros semblent encore exister pour nous, Messieurs; nous n'avons besoin que de recueillir nos souvenirs, et ces guerriers demi-dieux, demi-barbares, viennent se présenter à nous, à travers le charme de cette poésie toujours nouvelle, dans leur attachante réalité. Le père de la poésie peut nous servir de guide pour l'Ethnographie de cette époque. Le type physique de ses personnages est pour ainsi dire fixé dans la mémoire de chacun de nous. Vous pouvez remarquer avec quel talent d'observation il met en harmonie les traits de la physionomie avec les dispositions morales; et dans la variété de ces portraits vivants de l'Iliade et de l'Odyssée, vous observerez combien devaient être mélangés les différents peuples de la Grèce plus de mille ans avant Jésus-Christ (1).

Mais de combien de races primitives se composait alors cette population? Dans quelle proportion avait eu lieu le mélange de ces races? Voilà sans doute une des questions les plus intéressantes de l'Ethnographie.

La Grèce antique est la plus belle fleur de l'humanité. Ses chefs-d'œuvre en tout genre, poésie, éloquence, philosophie, histoire, beaux-arts, resteront probablement pour toujours des modèles dont il faudra seulement espérer d'approcher. Nous aimerions donc singulièrement à suivre les premières migrations, à rechercher les traits caractéristiques de ses premiers habitants, à étudier l'effet de ce beau climat sur leur tempérament, leur caractère et leurs habitudes. Nous aimerions à suivre le progrès de la civilisation grecque jusqu'à son entier développement. Mais, je le crains bien, les obscurités et la confusion sont telles, qu'il en sera de ce peuple extraordinaire comme de quelques grands hommes, dont

(1) En lisant avec attention l'énumération des peuples qui attaquèrent et de ceux qui défendirent Troie, on pourra distinguer les nouveaux habitants de la Grèce des anciennes populations Pélasgiques. Troie fut surtout défendue par des peuples d'origine Pélasgique, qui avaient émigré dans l'Asie-Mineure. Ce fut comme un duel à mort entre les nouveaux Hellènes et les anciens Pélasges.

l'enfance, dont la vie intérieure restent un mystère. Nous ne pourrons jamais nous rendre compte de ce perfectionnement inouï au sein de ces faibles tribus de races si diverses, divisées entre elles, se faisant une guerre implacable et destructive dès les premiers temps, et conservant jusqu'à la fin, malgré la plus brillante civilisation, le patriotisme le plus pur, ce démon de l'envie, de la haine et de la discorde qui causa successivement la ruine de toutes leurs petites républiques.

Il me reste à vous parler de l'invasion de trois autres races dont la présence en Europe a eu et aura sans doute une grande influence sur ses destinées futures.

La première est celle des Esclavons ou Slaves qui s'avancèrent du nord vers le midi jusqu'en Grèce à travers plusieurs provinces de l'ancien empire d'Orient. L'histoire des origines et des premières migrations de ces peuples est remplie d'obscurités et d'incertitudes. Il ne faudrait pas cependant se hâter d'en conclure qu'ils arrivèrent tout d'un coup en Europe après avoir quitté les solitudes de l'Asie. Hérodote nous donne évidemment la description d'une tribu de cette race qu'il représente comme fixée de son temps sur les bords de la mer Noire, et se livrant aux paisibles travaux de l'agriculture.

Cette race est la plus nombreuse de toutes celles qui occupent maintenant l'Europe. Elle compte environ quatre-vingts millions d'individus. Les Polonais furent la première colonie qui vint se fixer en Europe, et le reste de ce peuple se trouve dispersé en Bohême, en Moravie, en Servie, en Bulgarie et en Hongrie. Elle forme la masse de la population de l'empire russe. Ses habitudes sont douces et paisibles, ses mœurs simples, son attachement à la religion et à la patrie, admirable. Tandis que plusieurs nations de l'Europe semblent pencher vers la décadence, les Slaves sont en voie de progrès. Ils ont pour eux le don précieux de la jeunesse, et à côté d'eux, pour les guider, l'expérience et la civilisation de vieux empires.

Il y a sans doute une grande variété dans les traits et la couleur des différents peuples qui en descendent. Mais si nous tenons compte de leur grand nombre, des différents climats sous lesquels ils vivent, nous ne pourrons nous empêcher de reconnaître plus d'homogénéité parmi les individus de cette race que parmi ceux des autres populations de l'Europe.

La forme de la tête, vue de face, est presque carrée, la hauteur l'emportant quelque peu sur la largeur; le haut de la tête est sensiblement aplati; la longueur du nez est moindre que la distance de son extrémité au menton. Il est sans courbure depuis sa dépression, massif et arrondi à son extrémité. Les yeux, un peu caves, sont placés sur une ligne droite. Les sourcils sont maigres, rapprochés des yeux à leur naissance et s'éloignant ensuite obliquement. Les lèvres sont minces, la bouche rapprochée du nez; la barbe, excepté la moustache, est peu fournie.

Après les Slaves, nous signalerons les Huns et les Magyars ou Madgiars. Leur entrée en Europe fut soudaine, rapide, terrible comme une charge de cavalerie. Ils s'ouvrirent un passage, l'épée à la main, à travers les Slaves et autres peuples qu'ils trouvèrent sur leur passage, et après avoir été pendant quelque temps la terreur de l'Europe, ils finirent enfin par se fixer dans les plaines de la Hongrie, où, quoique entourés de Slaves, ils se sont maintenus pendant plus de dix siècles. Cette race guerrière fit deux grandes invasions. La première, celle des Huns sous Attila, eut lieu au cinquième siècle de notre ère. Ce nom seul nous rappelle tout ce que l'Europe eut à souffrir de ces barbares impitoyables. La seconde, celle des Madgiars sous Arpad, arriva dans le neuvième siècle. Le type de ces deux races est identique; il ne ressemble à aucune autre partie des populations de l'Europe, il appartient au type tartare. La tête est presque ronde, le front peu développé, les yeux placés obliquement; les l'angle extérieur relevé, le nez court et écrasé, les lèvres fortes, la bouche proéminente, le cou court et très-gros, de sorte que le derrière de la tête semble aplati et forme une ligne droite avec le dos. La barbe est maigre, la taille courte.

Les Madgiars n'ont donc rien de commun avec les différentes familles de la souche européenne. Leur longue domination sur des races d'origine plus pure, prouve que la supériorité du sang n'a pas toujours obtenu la suprématie du pouvoir.

C'est là, Messieurs, un fait qu'on n'aurait pas dû perdre de vue en Angleterre, lors de la guerre de Hongrie et de l'enthousiasme extraordinaire qui se manifesta, on ne sait trop pourquoi, si énergiquement et si soudainement, au sein de la population de Londres, en faveur des Madgiars ou Hongrois. Les Madgiars sont des Tartares asiatiques, des oppresseurs de ces races européennes qui ont bien aussi quelques droits à notre sympathie. Les Madgiars sont des descendants des Huns, les plus féroces des barbares qui aient ravagé l'Europe. Ils ont conservé toutes les habitudes du clan et de la tribu des Tartares de l'Asie. Ils méprisent les travaux de l'agriculture qu'ils laissent à leurs serfs ; ils préfèrent encore l'existence plus indépendante d'un peuple de pasteurs. Le simple et paisible laboureur slave ou allemand les vaut bien, je pense. Ce fait prouve les préjugés et l'ignorance des masses au sein même des peuples les plus civilisés. Il témoigne aussi contre la mauvaise foi de certains journalistes qui font un appel aux passions aveugles de la multitude, pour se créer une popularité d'un jour. J'admets que les Madgiars aient conservé cet instinct militaire, cette intrépidité qui caractérise le Tartare asiatique. Est-ce que, par hasard, nous n'avons pas besoin d'autre chose dans nos sociétés modernes?

Et pourquoi l'Autriche conserverait-elle ou accorderait-elle des priviléges qui détruisent l'unité de son gouvernement? priviléges qui ne peuvent s'exercer par les Madgiars qu'aux dépens des populations slaves; priviléges que l'Angleterre s'indignerait de voir réclamer par l'Irlande ou l'Écosse. L'Autriche n'est pas un de ces gouvernements qui se laissent emporter par la colère ou l'enthousiasme du moment. Elle connaît la difficulté de sa position, et ce n'est qu'à la dernière extrémité qu'elle a recours aux mesures violentes. L'Autriche ne m'a jamais paru plus forte et plus grande qu'au jour où elle se releva victorieuse de sa dernière lutte contre la révolution.

Je sais bien qu'elle a été mise au ban de l'Europe, par quelques journalistes anglais, à raison de sa neutralité au commencement de notre guerre contre la Russie. Mais ceux qui y regardent de plus près reconnaîtront que son gouvernement a parfaitement rempli son devoir en agissant ainsi. Bien plus, il s'est ménagé par là le seul moyen possible de se poser en arbitre entre les belligérants. Le succès prouve la justesse des calculs. Et quand je songe qu'au moment où les esprits de part et d'autre étaient le moins disposés à un arrangement, un ministre autrichien put gagner à son opinion deux des plus éminents diplomates de l'Europe, lord John Russell et **M. Drouyn de l'Huys**, qui durent être désapprouvés par leurs gouvernements respectifs et se retirer des affaires, je ne puis m'empêcher de regarder le comte de Buol comme l'Ulysse de la diplomatie européenne, dans cette question si délicate et si compliquée ; à lui la palme pour l'heureux succès de la paix : *cedant arma togæ.*

Ces opinions de journaux, ces opinions d'un jour, dont je viens de vous parler, s'évanouissent heureusement aussi vite qu'elles naissent. Kossuth, la Hongrie et le Madgiar sont tout à fait morts, jusqu'à nouvel ordre, dans les souvenirs et la sympathie du peuple anglais.

Vous avez eu à leur place toutes sortes de menaces, depuis deux ans, contre la Russie, sa puissance, sa tyrannie, ses envahissements. Tout en réduisant à leur juste valeur ces déclamations de journaux et de meetings, l'histoire sévère, impartiale, en prend note et les enregistre pour montrer les tendances quelquefois injustes, exagérées, dangereuses de la presse. Tenons-nous en garde, Messieurs, contre ces opinions à gage. Certes, l'Angleterre devrait être la dernière à reprocher à la Russie ses conquêtes et ses envahissements ; l'Angleterre qui, à l'aide de trente mille baïonnettes européennes, commande dans les Indes à cent cinquante millions d'hommes de races différentes ; l'Angleterre, qui a saisi et fortifié, je ne l'en blâme pas, tous les points convenables du globe pour la sûreté de son commerce.

Il y a plus que de la mauvaise grâce ; il y a de l'injustice. La Russie doit être fidèle à son histoire, à la dignité d'un grand empire. Bien plus, elle ne fait, en étendant sa domination sur les races sauvages ou dégénérées qui l'entourent, que remplir les conditions essentielles, indispensables à l'existence de toute nation qui grandit et se constitue. Ce sont des lois inhérentes à la nature même des sociétés en progrès et qu'elles doivent observer sous peine de périr avant d'arriver à leur complet développement. Tous les grands empires de l'Europe ont passé par là, et la Russie est appelée à un magnifique avenir si elle ne lui fait pas faute.

Pourquoi, je vous le demande, regarderait-elle avec sympathie les nations tartares, qu'on les appelle Turcs ou Magyars? Peut-elle oublier, et nous devrions nous en souvenir aussi, qu'à une époque où Paris et Londres étaient de petites villes insignifiantes, Novogorod était la riche capitale d'une république qui pouvait lever trois cent mille combattants? Peut-elle oublier que les Tartares asiatiques, dont les Turcs et les Hongrois sont des descendants, après avoir ravagé, comme une nuée d'insectes, une grande partie de l'Asie, se jetèrent au nombre de plus de cinq cent mille sur les florissantes et paisibles plaines de la Russie d'alors.

Les Russes, écrasés partout par ces hordes innombrables, résistèrent bravement, et ce ne fut qu'après soixante ans d'une lutte désespérée, que la Russie fut obligée de se soumettre à la domination d'un chef tartare dans le treizième siècle.

La lutte continua néanmoins ; l'esprit national, cette admirable vertu du paysan russe, ne se découragea jamais malgré les revers. Chaque génération laissa en disparaissant, à celle qui lui succédait, le devoir sacré de recouvrer l'indépendance à tout prix. Deux cents ans de patriotisme et d'efforts furent enfin couronnés de succès, et au quinzième siècle les Tartares furent repoussés sur les côtes de la mer Noire. Une nation qui peut montrer de pareils faits dans ses annales ne doit jamais désespérer de son avenir.

Nous voici arrivés à la dernière de ces grandes invasions qui nous sont venues de l'Asie. Celle-ci fut, pour ainsi dire, un duel à mort entre les partisans fanatiques de Mahomet et les peuples chrétiens. Peu s'en fallut une fois que l'étendard du Prophète ne flottât sur l'Europe entière. Maître d'une grande partie de l'Asie jusque dans l'Inde, de tout le nord

de l'Afrique et de presque toute l'Espagne, l'Osmanli turc pouvait rêver la domination universelle.
Il fallut toute la foi sincère, tout le courage de ces
rudes chevaliers du moyen âge pour sauver la chrétienté; il fallut l'enthousiasme des croisés qui refou-
lèrent le Turc en Asie et firent trembler le maho-
métan jusqu'aux portes du tombeau du Prophète. Ces
croisades, la plus magnifique épopée du moyen âge,
ranimèrent la foi, réveillèrent l'énergie des races
germaniques, adoucirent leurs mœurs, amenèrent
dans l'ouest les arts et la civilisation de l'empire d'O-
rient et commencèrent enfin l'affranchissement du
serf.

Cependant, malgré tous les efforts de la chrétienté,
le Turc victorieux put enfin passer l'Hellespont et le
Bosphore, et établir d'une manière permanente son
empire en Europe par la prise de Byzance en 1453.

Quel contraste aujourd'hui, Messieurs! Sont-ce
bien les descendants de saint Louis et de Richard
d'Angleterre qui tendent la main à cet ennemi, jadis
implacable, maintenant faible, décrépit et mourant?
L'empêcheront-ils de tomber sous les coups d'une autre
puissance chrétienne dont l'avenir semble effrayer
l'Europe? lui conserveront-ils ces magnifiques contrées, cette ville sainte, arrosée du sang de tant de
preux chevaliers et des larmes de tant de pèlerins;
cette capitale, la plus heureusement située du monde;
ces populations chrétiennes qui gémissent sous son

administration impuissante et corrompue, sa religion fanatique, ses préjugés invétérés et incurables? Non, malgré ces soins, l'œuvre du temps s'accomplira, les décrets de la Providence s'exécuteront, et le Turc disparaîtra de la face de l'Europe pour faire place enfin à la civilisation des peuples chrétiens.

Vous vous étonnez peut-être, Messieurs, de m'entendre m'exprimer ainsi malgré les sympathies de l'Angleterre pour la Turquie. Heureusement je ne fais qu'appliquer les principes de l'Ethnologie.

Je vous l'ai déjà dit , sa logique inflexible ne perd jamais de vue la valeur d'une race depuis son origine jusqu'à son anéantissement. Elle se préoccupe peu des opinions et de l'enthousiasme d'un jour ; elle porte ses regards plus loin ; calme et impassible elle passe son jugement et dit : Ce peuple a rempli sa mission dans l'histoire de l'humanité ; ses instincts généreux se sont éteints , son sang s'est appauvri , aucun mélange ne pourrait le rajeunir ou le sauver ; qu'il fasse donc place au soleil à qui vaut mieux que lui.

L'origine de l'Osmanli turc est semi-caucasienne. Mais comme il vient du nord du Caucase, il y a beaucoup du type tartare dans la race. Le portrait de Mahomet II, le vainqueur de Byzance, peut servir de type à la race primitive turque ; cette race s'est tellement mélangée depuis , qu'elle a en grande partie perdu ce type aujourd'hui.

Tels sont, avec les Juifs et les Bohémiens, les éléments de la population européenne de nos jours.

Y a-t-il, dans l'histoire des races humaines, un phénomène plus intéressant que la présence au milieu de
nous de ce peuple à qui fut donné, il y a plus de trois
mille ans, la loi de Moïse ; qui fut le gardien de la
promesse divine, et vit naître dans son sein et de sa
race l'attendu des nations, le sauveur du monde.
Nous avons là sous nos yeux une législation, un culte,
des préceptes, des habitudes, un peuple qui furent
contemporains de ces anciens empires de l'Asie qui
ont cessé d'exister il y a près de deux mille ans.
Comme il a su partout s'adapter à nos mœurs, nos
lois, nos usages, tout en conservant intactes sa religion et sa civilisation propres, ce Juif autrefois si mé-
prisé et si persécuté !

On estime à environ quatre millions d'individus,
dont la moitié en Europe, la population totale des
Juifs sur la surface du globe. Et quelle influence,
vous le savez, n'a pas de nos jours sur les destinées
des États chrétiens, cette petite communauté d'étrangers à l'aide de son crédit et de ses immenses capitaux?
Bien plus, parmi nos hommes d'État, nos magistrats,
nos savants, nos littérateurs et nos artistes, nous pourrions nommer de nombreuses distinctions contempo-
raines qu'elle revendique, et qui prouvent la vitalité,

l'énergie, les qualités inhérentes à cette race, certainement une des plus remarquables parmi toutes celles qui ont joué un grand rôle dans l'histoire de l'humanité.

Toutes les fois que je rencontre dans nos rues cette physionomie qui nous est si familière; ce type oriental qui a conservé sa pureté et son originalité à travers des vicissitudes inouïes; ces traits que les monuments égyptiens nous ont conservés depuis plus de quatre mille ans, et que j'ai reconnus avec tant d'intérêt parmi les sculptures assyriennes nouvellement découvertes, je me sens plein de confiance pour les données de l'Ethnologie, je n'éprouve plus aucun doute sur la permanence invariable des types primitifs.

Toutes les fois que j'entends autour de moi ces noms si pleins de souvenirs, ces noms qui nous rappellent les premières impressions de l'enfance: Abraham et Jacob, Moïse et Aaron, David et Salomon, Lazare et Jésus, je ne puis m'empêcher de regarder ce pauvre brocanteur juif, sale et couvert de haillons, avec un profond sentiment de sympathie.

Quant aux Bohémiens, leur origine est un mystère, car ils n'ont ni traditions ni culte religieux. Leur physionomie, leur langue, paraît les rattacher aux peuples de l'Inde. Comme ils parurent pour la première fois en Europe au commencement du quinzième siècle, on a supposé qu'ils auraient fui devant les armées destructives du conquérant tartare Timur

Leng (Tamerlan), qui ravagea l'Inde en 1408. Mais leur historien, Borrow, croit qu'ils suivirent long-temps avant cette époque les Esclavons dans leurs migrations. Cette race extraordinaire peut s'élever maintenant à sept cent mille individus, dispersés presque sur tout le globe. « On voit leurs tentes, dit Borrow, sur les coteaux du Brésil et sur les penchants de l'Himalaya; on peut entendre leur langage à Moscou et à Madrid, à Londres et à Constantinople. La facilité avec laquelle ils supportent le froid le plus intense est vraiment étonnante. Il n'est pas rare de les voir campés au milieu de la neige, sous des tentes légères, par une température de 25 à 30 degrés Réaumur au-dessous de zéro, tandis que d'un autre côté ils ne paraissent nullement souffrir des chaleurs brûlantes de l'Afrique ou de l'Inde (1).

Je terminerai ces recherches en appelant votre attention sur l'opération de ces lois physiologiques que j'ai tâché de vous démontrer. Dans mes voyages et mes études à ce sujet, j'ai été d'abord guidé par les observations si justes d'un naturaliste distingué, M. W.-M. Edwards, qui, après avoir étudié l'histoire des Gaulois par Thierry, entreprit un voyage expérimental en France, en Belgique, en Suisse et en Italie. Le

____

(1) Borrow, *Gipsies in Spain.*

résultat de ces observations coïncide tellement avec mes vues, qu'en le résumant c'est me résumer moi-même.

Ainsi, après plus de deux mille ans, les types des Cimbres, des Celtes et des Ibères peuvent encore se reconnaître facilement parmi leurs descendants actuels. Dans la Gaule orientale, en Bourgogne, dans le Lyonnais, le Dauphiné et la Savoie, j'ai retrouvé ce type si bien marqué que les naturalistes ont assigné au Gaulois : la tête approchant de la forme sphérique ; le front moyen, légèrement proéminent au centre et rentrant sur les côtés ; les yeux grands et à fleur de tête ; le nez, depuis sa dépression jusqu'à sa base, presque droit ; l'extrémité du nez et le menton arrondis ; la taille moyenne ; le reste des traits en harmonie avec la forme de la tête.

Passant au nord de l'ancienne Gaule, le pays des Belges, M. Edwards dit : « J'ai parcouru une grande partie de la Gaule-Belgique de César, depuis l'embouchure de la Somme jusqu'à celle de la Seine, et là j'ai pu distinguer pour la première fois cet ensemble de traits qui constitue l'autre type, le type du Cimbre, et cela à un tel degré, que j'en ai été souvent frappé : la tête allongée, le front large et élevé, le nez recourbé avec la pointe en dessous et les narines relevées, le menton fortement développé et la taille élevée. »

Dans d'autres parties de la France, à l'exception du sud, occupé autrefois par les Ibères et des colons Phéniciens, Égyptiens et Grecs, il remarque que le type Cimbre ou Germanique a été presque entièrement absorbé par le type Gaulois ou Celte, qui était celui de la masse de la population de ces contrées.

Quant à l'Italie : « Il est certain, dit-il, que les populations Gauloises ont eu l'ascendant dans le nord de l'Italie, entre les Alpes et les Apennins. Je connais les traits de leurs compatriotes de la Gaule transalpine, et je les retrouve dans la Gaule cisalpine. Les premiers habitants du nord de l'Italie me paraissent avoir été des Celtes. Plus tard, les Cimbres y fondèrent évidemment une puissante colonie. » Il donne ensuite la description bien connue de la tête du Dante : « Forme allongée, front élevé et très-développé, nez long et recourbé, narines relevées, menton proéminent. » Et il observe que ce type se retrouve fréquemment en Toscane, parmi le peuple, quoique en général le type Romain soit le type commun, comme il se présente aussi parmi les bustes et les statues des Médicis et des grands hommes de la république de Florence. On le retrouve jusqu'à Venise, et dans le palais ducal il se voit souvent parmi les portraits des doges; il devient le type dominant aux environs de Milan. Ainsi, la physionomie des habitants actuels correspond parfaitement avec les données historiques, et prouve que le type primitif de cette importante race Teutonique a survécu à deux mille ans de changements et de révolutions.

Au Musée de Florence, M. Edwards se mit à étudier l'ancien type Romain. Choisissant les bustes des premiers empereurs, parce qu'ils descendaient d'anciennes familles, Auguste, Tibère, Germanicus, Claude, Néron, Titus : « Les traits en sont remarquables, dit-il ; le diamètre vertical de la tête est court, et, par conséquent, la figure est large ; et comme le sommet du crâne est aplati et que le bord inférieur de la mâchoire est presque horizontal, le contour de la tête, vue de face, se rapproche de la forme carrée. Les parties latérales de la tête, au-dessus des oreilles, sont bombées ; le front est bas, le nez vraiment aquilin, le menton rond, et la taille médiocre. »

Tels sont les traits caractéristiques du Romain. On doit s'attendre sans doute à trouver quelque variété ; mais tel est le type que j'ai observé moi-même à Rome et dans le midi de l'Italie (1).

Ces traits de l'ancien Romain nous sont familiers, Messieurs. La tête de Napoléon, telle qu'on la voit sur les bustes et les médailles de l'empire, en est, pour ainsi dire, le beau idéal. N'était-elle pas Romaine aussi, cette puissante individualité, qui exerça une telle influence sur son époque et put créer un enthousiasme et une sympathie durables? Voilà un fait qui en dit plus que des volumes, sur les tendances et les instincts des races Gauloises.

____

(1) Voyez aussi Nott, *Types of Mankind.* London, 1854.

En Grèce, M. Edwards a dû établir une différence entre le type héroïque et le type historique. Le beau idéal de ce peuple d'artistes et la physionomie réelle des Grecs, tels que nous les voyons sur les anciens monuments de la Grèce, présentent en effet une grande variété de types, et cela à toutes les époques de leur histoire. Le plus grand nombre des divinités et des personnages des temps héroïques, ont été modelés sur ce type, qui constitue ce que nous appelons le beau idéal : le contour du visage parfaitement ovale, le front et le nez en ligne droite, sans la moindre dépression. Mais tels ne sont pas les traits des personnages des temps vraiment historiques. Les philosophes, les orateurs, les guerriers, les poètes ont une physionomie bien différente. Ils ressemblent beaucoup, au contraire, aux types qu'on retrouve parmi les autres nations de l'Europe.

La tête d'Alexandre-le-Grand se rapproche beaucoup, il est vrai, du type héroïque. Mais ce n'est là qu'une exception bien rare, car les traits de Lycurque, de Socrate, d'Eratosthène, et de presque tous les grands hommes de la Grèce ressemblent absolument à ceux d'hommes que nous voyons tous les jours dans les rues de nos cités.

« A ne consulter que les monuments de la Grèce,
« continue M. Edwards, on serait d'abord tenté, à
« raison même de ce contraste, de regarder le type
« héroïque comme purement idéal. Mais l'imagina-

« tion enfante plus facilement des monstres que des
« types de beauté ; et ce principe seul suffirait pour
« nous convaincre que des types semblables ont dû
« exister en Grèce. »

Cette supposition si juste est confirmée, du reste,
par deux scrupuleux observateurs, **MM.** de Stackel-
berg et de Brondsted, qui, dans leur voyage en Mo-
rée, examinèrent attentivement la population et as-
surent que le type héroïque Grec existe encore dans
certaines localités.

Ainsi, ce fut un type réel que Phidias et les artistes
Grecs élevèrent, à l'aide de leur imagination, jusqu'au
sublime de l'art, le beau idéal. En effet, le beau idéal
d'une nation n'est en général que le perfectionnement
de son type propre ; cette règle peut s'appliquer aux
plus beaux ouvrages des artistes de tous les temps et
de tous les pays.

Messieurs, je ne puis finir cet aperçu général sur
l'Ethnologie de l'Europe, sans vous dire quelques
mots de la population actuelle des Iles-Britanniques.
Mais vous avez un si grand nombre d'excellents ouvrages à consulter en Angleterre, que je dois me borner à quelques réflexions prises à mon point de vue.

Les circonstances et l'isolement ont admirablement
servi l'Angleterre dans cette distribution des races hu-

maines. Depuis les Ibères et les Celtes, qui ont formé comme la première couche de la population actuelle. ce sont les plus belles, les plus énergiques parmi les races Germaniques qui l'ont successivement envahie et colonisée. Les Belges, les Cimbres, les Danois, et surtout les Saxons et les Normands, ont mêlé leur sang à celui des premières races et les ont presque toutes absorbées maintenant. Les types Saxon, Cimbre et Normand dominent, et impriment à la nation cette énergie, cette fierté, cet esprit d'entreprise, cet amour de la liberté, ce respect pour l'aristocratie et le pouvoir, qui caractérisent l'Anglais parmi tous les peuples du monde. A tout prendre, la race actuelle me paraît même physiquement supérieure à celle des autres nations de l'Europe. Là où le Celte et l'Ibère l'emportent encore, comme dans quelques parties de l'Irlande, nous ne retrouvons pas toutes ces qualités au même degré ; mais ce n'est là qu'une exception. En général, c'est aux types Saxon et Normand que la . nation doit cette vitalité extraordinaire.

Quelle grande mission dans le monde paraît avoir été réservée par la Providence, à cette race privilégiée ! Quelle influence n'aura pas sur les destinées du genre humain, cette petite île placée à l'extrémité de l'Europe, et qui compte à peine vingt millions d'habitants ! car les empires et les colonies qu'elle a fondés, ne sont pas seulement les créations éphémères de la conquête, c'est la civilisation tout entière de l'Angleterre transportée sur d'autres terres. Ce sont les institutions, les lois, la religion, les usages, la langue de la Grande-Bretagne, qui font le tour du monde.

En Europe, elle conserve l'ascendant par la sagesse et la stabilité de son gouvernement, la perfection de ses industries, la puissance formidable de sa marine, l'immensité de son crédit et de ses richesses. Quoique séparée du continent, elle pèse de tout son poids sur la politique des plus grandes puissances, et leur imprime souvent ses volontés.

En Amérique, elle a fondé un empire qui compte déjà vingt-quatre millions d'habitants, presque tous de sa race, et qui, avec leur surprenante activité, maîtres des plus vastes, des plus riches contrées de ce continent, formeront, peut-être avant cinquante ans, la plus florissante nation du monde. Ce qui s'est passé sous nos yeux, depuis un demi-siècle, nous autorise à le croire.

En Australie, elle possède un continent dont l'étendue égale celle de l'Europe, et qui, par sa situation, l'heureux climat de ses côtes et ses richesses minérales, est appelé aux plus grandes destinées (1).

En Asie : Que dirai-je de cet étonnant empire

____

(1) Il y a à peine quinze ans que le premier colon prenait terre à Port-Philip, et déjà le revenu de cette province égale celui de plusieurs États de l'Europe.

formé par une compagnie de marchands anglais, empire plus vaste, plus magnifique que celui des empereurs du Mogol? Que dirai-je de ces cent cinquante millions d'Indiens qui s'inclinent devant cette puissance morale que l'Anglais a su se créer par la supériorité de sa race, et lui font hommage des souvenirs nationaux qui leur sont si chers, des préjugés de castes, de leur gloire passée, et de ces riches plaines qu'embrassent le Gange et l'Indus? Bientôt des chemins de fer, des manufactures vont y faire naître l'activité et les richesses (1). La civilisation va remonter de l'Europe en Orient, et qui sait alors ce que pourront devenir ces vieilles contrées de l'Inde et de la Chine, si peuplées, si productives, si riches, mais endormies dans une civilisation qui a cessé de progresser depuis près de mille ans. En vérité, Messieurs, on doit se sentir fier d'être Anglais. Et qu'on vienne nous dire, après cela, que le sang, que la race n'est pour rien dans les destinées d'une nation !

Qu'on vienne nous dire que les rois en France, à

(1) La première fabrique de toile de coton, élevée à Bombay, a commencé d'opérer avec toutes les chances de succès. La fabrique de Broach a été très-occupée et produit d'excellentes étoffes depuis octobre dernier.

« The first cotton factory ever constructed at Bombay has just commenced operations with every appearance of success. The factory at Broach has been at full employment and turning our excellent yarns since october. »

Bombay Times, 16 feb. 1856.

commencer de Louis XI jusqu'à Louis XIV, à quelques exceptions près, et le peuple, dans les saturnales de la révolution, firent bien de ruiner, d'exiler, de détruire cette aristocratie française qui comptait dans sa race les Francs, les Bourguignons et les Normands, et dans son histoire, tous les hauts faits de la chevalerie au moyen âge. L'avenir prouvera si l'on n'a pas tari une des sources les plus fécondes du progrès et de la liberté (1).

Puisse le peuple anglais n'oublier jamais sa mission véritable ! une mission de paix, de civilisation, d'industrie, de bien-être général, la mission d'un peuple vraiment chrétien !

(1) En France, les rois se sont montrés les plus actifs et les plus constants des niveleurs. Quand ils ont été ambitieux et forts, ils ont travaillé à élever le peuple au niveau des nobles.

De Tocqueville, *De la Démocratie en Amérique*, Introd., p. 6.

FIN.

La publication de la seconde partie reste suspendue, pour ne pas blesser des susceptibilités que nous devons respecter. Cette première partie forme, du reste, un traité complet.

9 782013 430937